통영에서 시작되었습니다.

갯가에서 태어나 너른 대양으로 나아가는 꿈을 꾸었습니다.

대한민국 바다에서

키울 수만 있다면…

내 고향 통영바다에서 키울 수만 있다면 얼마나 멋진 일일까?
꿈의 시작이었습니다.

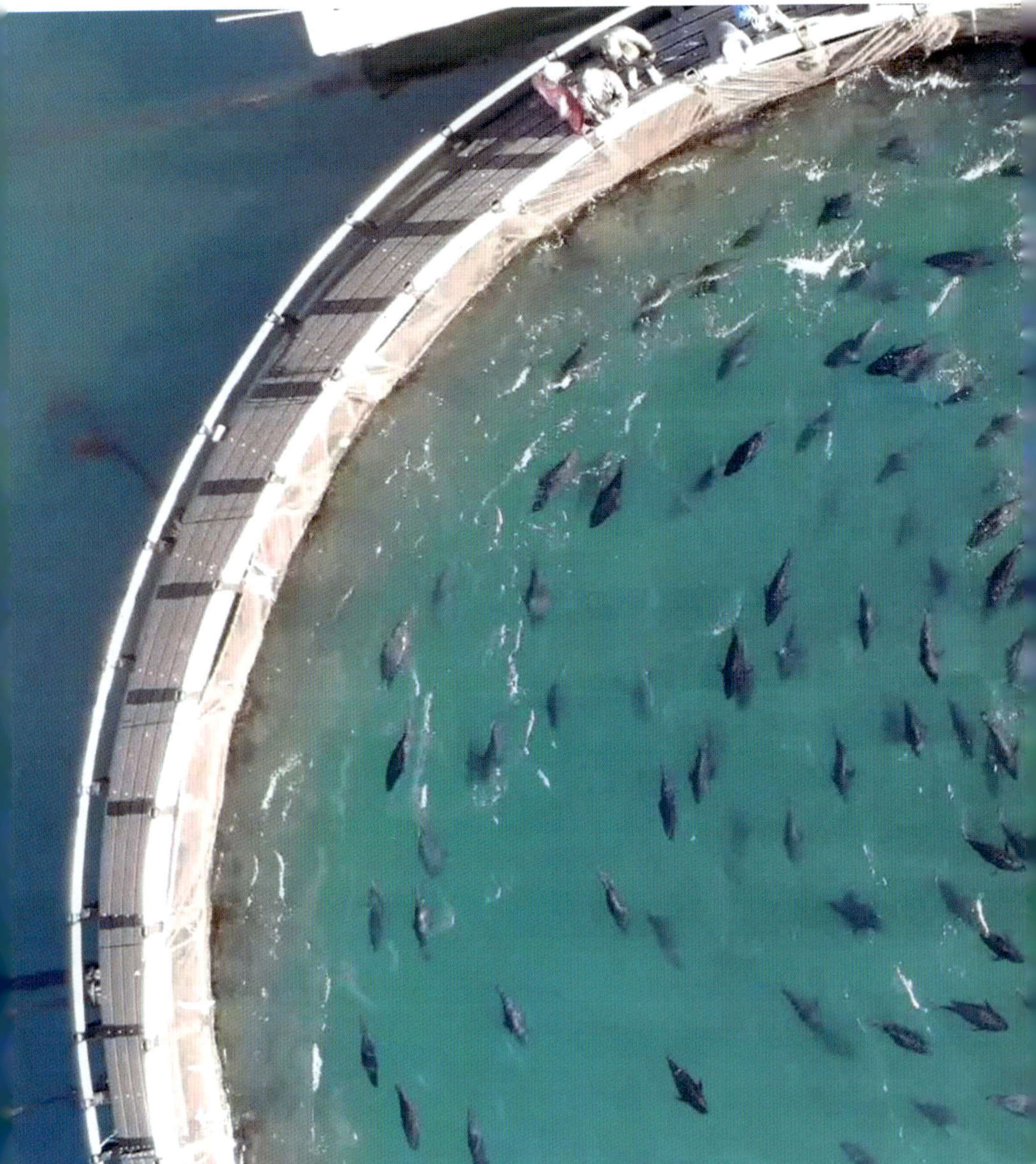

박순자 수필집

바다에 美親 남자

소소리

바다에 美親 남자
박순자 수필집

1판 1쇄 인쇄/ 2023년 12월 25일
1판 1쇄 발행/ 2023년 12월 30일

지은이 / 박 순 자
펴낸이 / 우 희 정
펴낸곳 / 도서출판 소소리

등록 / 제300-2007-21호
주소 / 03073 서울 종로구 성균관로 5길 39-16
전화 / 765-5663, 010-4265-5663
e-mail: sosori39@hanmail.net
값 15,000원

*잘못된 책은 바꿔드립니다.

ISBN 979-11-5891-196- 6 03810

*이 도서는 2023년도 한국문화예술위원회 아르코문학창작기금
발간 지원 사업에 선정되어 발간되었습니다.

바다에 美親 남자

박순자 수필집

책을 내면서

파도 위를 걷는 남자를 만나 여기까지 왔습니다.

거친 바다에서 헤엄치다 좌절하고 도전하는 남자를 보면서 애태웠습니다. 생솔가지 태워 수평선 너머로 날리면서 만든 소금주머니를 꺼내어 볕살에 말려봅니다. 하늘이 유난히 맑고 파랗습니다.

무한한 도전이 출렁거리고 있는 통영 욕지도 바다.

'괜찮을 거야. 정말 내일은 괜찮아질 거야. 파란 하늘에 햇살 눈부실 테니 기다리는 거야.' 의지와 상관없이 일어나는 일들에 대해 순응하고, 도전할 때마다 그것이 인생이라고 다독거리던 말들입니다.

무수히 질문하고 답을 찾아 나섰던 바다. 왜 바다를 품고 사느냐고 남들이 질문할 때면 '꿈과 계획'이 있다고 빈곤한 답을 했습니다. 포기하지 않는다면 절망도 희망으로 변화될 수 있기에 견딜 수 있었고, 노력의 대가는 반드시 온다고 믿었기에 꿈꾸고 계획을 실행했습니다. 청춘을 저당 잡히고 바다 위에다 집을 짓는 남자의 맵고 짜디짠 과정을 묶었습니다.

세월을 이길 수 없는 나이지만 바다 저 너머를 계획하는 남자는 아직도 청년입니다. 그에게 『바다에 美親 남자』를 바칩니다.

2023년 늦은 가을

多來 박순자

1. 햇살 자르는 풍경

2. 고래의 꿈

3. 무지개 뜨던 날

4. 선물이 된 사람

1.

햇살 자르는 풍경

낚싯줄에 걸린 참다랑어

여명 전인데도 배가 도착하자 둥근 가두리가 술렁거린다. 먼 산에서 장단을 맞추던 검은등뻐꾸기와 멧새들도 참다랑어의 빨라진 유영에 놀란 듯 새벽을 알리다 말고 조용해진다. 키 높은 크레인 끝에 앉은 까마귀도 깍깍거리던 울음을 멈춘다.

전기가 흐르는 낚싯대가 길게 뻗어나간다. 낚싯줄에 걸린 고등어를 한 마리 탐내며 갈매기 떼 빙 빙 맴을 돌자, 동티모르에서 온 지 몇 년 된 옥타브가 작대기를 휘휘 저어 쫓아낸다. 한두 번 하던 일이 아닌 듯 갈매기 떼들은 건너 가두리에서 조용히 날개를 접고 기다린다. 수년간 함께한 식구인 것처럼 어디에서 어떻게 해야 하는지, 얼마를 기다리면 만찬을 즐길 수 있는지 다 알고 있는 듯하다.

고등어 열댓 마리 허공을 날아 가두리 안에 툭툭 떨어진다.

다랑어를 유인하는 미끼 달린 낚싯대도 따라 날아간다. 다랑어 떼가 솟구친다. 조용하게 유영하던 은빛 지느러미 뒤로 물비늘이 둥글게 출렁거린다. 수십 마리가 동시에 물보라를 일으킨다. 순간적으로 무지개가 떴다 사라진다.

망망대해 대한해협을 건너 양식장으로 온 3~4kg 치어들이 100kg 넘게 몸을 불렸다. 5, 6년이란 시간 동안, 25m 둥근 가두리 안에서 길들여졌다. 그물 밖 세상을 잊어버린 것일까. 잠을 자면서도 몸을 움직이고 태평양 넓은 세상을 헤엄치던 본성을 잃어버린 다랑어. 고등어를 먹이로 받아먹고 몸집 키운 녀석들, 죽음이 뭔지 모르고 먹이에 현혹되어 달려든다.

"물었다."

팽팽한 긴장감이 감돈다.

낚싯대에 걸려 물 밖으로 나올 때는 이 사태의 심각성을, 죽음을 직감하는지 필사적으로 야생의 힘을 낸다. 낚싯줄을 채가는 힘은 사람이 그물 속으로 딸려갈 정도로 힘차다. 조금의 방심도 허용되지 않는다. 사람의 힘으로는 역부족이기에 다른 힘이 필요하다. 다랑어가 낚시를 물었을 때 전기 스위치를 넣는다. 순간, 낚싯줄에 걸린 다랑어가 물 밖으로 솟구친다. 감전된 다랑어는 순간적으로 기절한다.

크레인이 빠르게 움직인다. 갈고리가 붙은 장대를 아가미에 끼우는 사람과 꼬리에 줄을 묶어주는 사람, 크레인으로 들어 올리는 사람, 이들의 호흡이 한 박자로 맞아떨어져야 한다. 조금만 지체해도 열 많고 성질 급한 다랑어는 순식간에 피가 굳어지고 살이 부패한다. 물 밖으로 거꾸로 매달려 나온 다랑어는 대량의 피를 토한다. 피가 안 나올 때까지 핏물을 빼야 생선 특유의 비린 맛이 없어진다. 가늘고 긴 쇠꼬챙이로 척추 신경을 마비시킨다. 아가미를 도려내고 심장과 내장을 분리하여 얼음통 속에 넣는다. 이 분주한 의식은 5분여 만에 마무리된다.

한 마리, 두 마리…. 다랑어가 생을 마감할 때면 안쓰럽기까지 하다.

건장한 장정보다 더 큰 몸집으로 자란 다랑어들이 바를 正자, 한 획에 한 마리씩 바다를 떠난다. 꼭 살생을 하는 것만 같아 안타까운 다랑어의 죽음이 그 누군가의 식탁에서는 활력이 되고 더불어 상생이 될 것이라 생각하니 마음이 가라앉는다. 자연과 인간, 자연합일의 선행이 될 것이기에 미안함을 슬며시 접는다.

바닷가로 시집와서 살아 펄떡거리는 생선을 도마 위에 올려놓고 대가리 댕강 잘라버리고 살을 발라 회 쳐서 먹고, 구워먹고, 끓여 먹고…. 먹는 음식일 뿐이어서 수십 년 그렇게 살았다. 오히려 삶의 일부였고 먹는 즐거움이었다. 아무 의식 없이 먹었던 생선들인데, 다랑어한테는 왜? 미안하다는 생각이 드는지 모를 일이다. 그만큼 애정을 담아 키워서일 것이다.

세계 바다 어족 중에서도 1% 밖에 없다는 귀한 대접을 받는 참다랑어. 가장 높은 몸값이 붙는 다랑어의 당당한 풍채를 자랑스럽게 바라본다. 양식 여건이 맞지 않다고 생각했던 대한민국 욕지도에서 참다랑어 양식이 상업적으로 성공할 거라고 어느 누가 상상했을까. 그런데 그 꿈이 이루어졌다. 생각도 못했던 일이다.

대기업과 중소 양식 업체 간 상생협력을 위한 프로젝트. 얼음이 채워진 특별 제작 박스에 다랑어를 넣고 봉합하면 스티커 한 장씩 붙여진다. 냉장탑차에 실려 강원도, 충청도, 전라도, 경상도 전국 매장으로 한 마리씩 배분될 것이다. 어느 도시로 가서 누구네 식탁을 즐겁게 할지 모르겠으나 프리미엄 상생이 되기를 기대해본다.

"오늘 수고했다. 우리 며칠만 더 고생하자."

"낼은 비가 온답니다."

비가 내릴 것이라는 일기예보를 보며 작업량을 걱정한다. 남편은 내일 걱정은 내일하자며 수고한 식구들에게 맥주 한 잔씩 권한다. 알싸한 목 넘김이 발끝까지 시원하게 한다. 바쁜 하루가 무탈하게 저물어간다.

섬 사이로 주홍빛 노을이 내려앉는다. 갯내 묻은 작업복에서 또 다른 바다가 일렁거린다. 툴툴 털어 빨랫줄에 걸친다. 뒷산 멧새들이 귀가 따갑도록 지절거리고, 검은등뻐꾸기가 호로롱-호롱…. 장단 맞추는 해거름이 붉다.

(26회 한국 해양문학상 최우수 작품)

각본 없는 릴레이

어질어질 멀미가 시작되자 육지가 흔들린다. 거대한 물너울이 머릿속에서 일렁거리고 물을 마셔도 갈증은 사그라지지 않는다. 통영바다 수평선에 인생을 걸고 매달려온 수십여 년 시간들이 요동을 친다. 그저 별 탈 없기를 간절히 기도하면서 파도가 잠잠해지기를 기다린다.

"태풍 대비를 야무지게 했으니 괜찮을 거요."

최면처럼 남편에게 되뇌던 말은 실인즉 나를 향한 위로다.

캄보디아의 나무 이름에서 따왔다는 9호 태풍 '마이삭'은 2003년 태풍 '매미'만큼 강력한 위력을 지녔다고 했다. 우리나라로 강타한 태풍 역대 3위로 기록된 '매미'에 피해를 겪고 한 달여 시름시름 아팠던 기억이 선연하기에 이번 '마이삭' 소식은 사람을 더욱 옴짝달싹 못하게 만들었다.

저녁 무렵부터 서서히 바람이 거세졌다. 밤 아홉시쯤 거실유리창이 심하게 흔들렸다. 순간, 알 수 없는 물체들의 부딪는 소리가 귀를 찢기 시작했고 강풍을 맞은 전기선이 윙윙 울어댔다. 뜬눈으로 밤을 지세며 어서 새벽이 오기만을 기다렸다.

어장 관리하는 식구들에게 전화했다. 갯거리가 날리고 너울이 심하여 어장으로 나갈 수 없단다. 요즘은 작업장마다 보안 카메라를 설치하여 집에서도 볼 수 있는 세상이다. 오금 저린 마음으로 화면을 살펴보니 흐릿하지만 둥근 가두리 24개가 높은 파도를 타고 있다. 태풍이 지나간 방향으로 어장 전체가 활시위처럼 휘어졌고 가두리 몇 개는 부서져 있는 게 보였다.

괜찮을 거야. 그물 속 다랑어들만 별 탈 없으면 된다. 괜찮을 것 같다며 서로에게 희망 한줌을 주고 태연한 척하지만 눈으로 확인하기 전까지는 마음을 놓을 수 없다. 태풍이 지나간 자리는 늘 흔적을 남기기 때문이다. 매미 태풍 때처럼 우리나라로 강한 태풍이 온다는 TV뉴스를 접하면서부터 걱정이 앞섰다. 백중사리 물때와 겹쳐 더 애태웠다. 어려운 일들이 있을 때마다 괜찮을 것이라며 호탕하게 웃고 넘기던 그이도 이젠 나이 탓인지 불안한 눈빛이 역력했다.

올해는 오십여 일 넘게 지루한 장마와 폭우로 물바다를 이루더니 태풍까지 잦았다. 자잘한 태풍이 비바람 몰고 지나간 지

일주일 만에 9호 태풍 '마이삭'이 남해바다를 온통 뒤흔들어 놓았다. 또 10호 태풍 '하이선'까지 이어 온다는 기상예보를 받고 보니 저절로 새어나오는 한숨 어쩌지 못하겠다. 힘으로 할 수 있는 일은 다 했으니 순응하며 기다려야겠지. 세상에 공짜가 없듯이 애태운 훗날에는 반드시 꿈꾸던 파라다이스가 있을 테니까.

태풍 지나간 지 이틀째인데도 쉽게 일상의 평정심으로 돌아오지 않는다. 의욕 잃고 침울하지만 내일은 바다가 잠잠해질 테니 어장으로 나가보자고 말해봐야겠다.

"남한테 죄지은 게 없고 여태껏 열심히 했으니 괜찮을 것이고…. 또 태풍이 온다고 하니 힘냅시다. 우리는 태풍보다 더한 죽음도 잘 이기고 살아왔지 않소."

연민으로 바라보다 한마디 했더니 순한 아이처럼 대답 대신 고갤 끄덕였다.

수십 년 꿈꿔오던 마지막 소망들이 태풍으로 물거품 될까 봐 걱정이 왜 안 되겠는가. 따개비처럼 갯돌에 붙어 이순(耳順)이 훌쩍 넘도록 끈질기게 살아 온 사람. 바닷가에서 태어나 걸음보다 수영을 빨리 배웠다는 사람이기에 애태우는 그 마음, 내가 잘 안다. 그 심정 충분히 알기에 괜찮을 거라며 속없이 웃음으로 얼버무리며 다독거린다.

어찌 불안하지 않겠는가. 눈썹 움직임만 봐도 그 기분을 알아내는 사십여 년 시간들이다. 이제 이런 걱정 그만 하고 싶다며 구시렁거리다 며칠째 입맛 잃은 그를 위해 부엌으로 향한다.

작년 가을에 말려놓은 버섯과 여러 가지 채소, 생새우를 넣고 들깨탕을 끓인다. 입안에 물집이 생겨 아무것도 먹기 싫다며 손사래 친다. 한 그릇 먹고 힘내라며 재차 권했더니 시무룩이 입맛을 챙겨 후루룩 한술 뜨는 밥상 위로 남편의 한숨 섞은 속앓이가 쏟아진다.

"당신만 힘든 게 아니고 나도 이제 겁나고 지친다."

바다! 자다가도 일어나 사랑하는 연인을 바라보듯 지그시 웃던 사람이 얼마나 힘들면 저런 말을 할까. 심장이 저려오는 안타까움이지만 두려움과 불안이 우리를 멈추게 하지 못한다. 이제부터 중간 출발점에서 릴레이 바통을 잡고 달린다.

여기까지 달려온 노력이 헛되지 않도록 최후의 골인 지점을 향해 힘내어 달려갈 것이다. 세상일이 각본대로 진행된다면야 얼마나 좋을까만, 각본 없이 달려도 재미있게 달려봐야 하지 않을까.

태풍 지나고 또 태풍이 온다는 날씨답지 않게 창 너머 하늘이 파랗다.

(26회 한국 해양문학상 최우수 작품)

인터뷰 현장을 스케치하다

돌아가는 카메라 앞에서 말을 잘한다는 것은 쉽지 않다.

참다랑어 양식이 통영 바다 최남단 욕지도에서 성공했다는 사실이 알려지면서 여러 TV 방송사와 신문사에서 인터뷰 섭외가 들어왔다. 거절할 때가 대부분이었지만 적극적인 작가들 덕분에 몇 차례 전국적으로 전파를 탔다. 그럴 때마다 분위기 맞게 즉문즉답하는 그의 모습에 놀랄 때가 많다. 자신감 넘치는 말투와 상황에 적절한 표현, 막힘없는 대응, 남편의 숨겨진 또 다른 면을 보는 느낌이다.

모 방송사 〈이웃집 찰스〉 촬영 일정이 잡히면서 제작진이 질문지와 대본을 미리 보내주겠다고 했다. 카메라를 들이대면 보통 당황하고 자연스럽지 못하기 때문에 대본이 필요하다는데 그는 거절했다.

"젊음을 송두리째 바쳐온 생업(生業)이다."

바다의 상황과 일에 따라 대답이 달라질 수 있으니 대본은 필요 없다던 그는 참다랑어 생태를 누구보다 잘 알고 있다. 양식업 사십여 년 경험으로 바다 밑에 깔아 놓은 닻이 몇 개인지, 어장과 어장을 묶은 줄이 몇 가닥인지 모든 설계도가 머릿속에 담겨 있는 그는 뭘 물어봐도 거침없이 대답했다.

- 참다랑어 양식 동기?

십오륙 년 전, 통영시 관계자들과 노르웨이 연안 연어양식장 견학을 다녀온 적 있었다. 그곳에서 태풍에 잘 견디는 내파성 가두리를 봤고 외해 가두리양식에 접목하면 되겠다고 생각했다. 오랫동안 가두리 양식사업을 해온 경험이 있기에 자신감이 생겼다. 한번 도전해보고 싶어하던 차, 일본 다랑어 양식장 몇 곳을 가보면서 우리 통영 바다에서도 참다랑어 양식 가능성이 있다고 판단했다. 우리나라에서는 참치 양식이 안 된다고 다들 만류했지만 기르는 양식사업 30년의 마지막 정점으로 도전했다. 그때의 남다른 결정과 열정이 이 자리까지 오게 되었다.

- 양식을 하면서 어려웠던 점?

십여 년 전이나 지금이나 치어구입이 어렵다.

첫해, 일본 근해에서 잡은 치어를 수천 마리 수입했다. 겨울을 넘기지 못하고 모두 동사했다. 치어는 구입할 때 작아도 4

kg정도 되어야 하고, 9~10kg정도 키워야 월동이 가능하다. 어린 치어를 한 마리 몇 십만 원씩 구입했다가 겨울에 모두…. 첫 경험의 대가치곤 지나치게 비싼 수업료를 지불했다.

우리나라 근해에도 치어들이 많이 있지만 잡는 기술이 부족하고 정부의 참치 조업 쿼터에 걸려 제도적으로 막혀있다. 양식용 치어와 소모용 참치를 구분 없이 섞어놓는 무차별 무감각 정책이 아쉽다.

– 참다랑어 양식업 발전과 비전?

세계 수온 상승으로 우리 해역에 많은 다랑어치어들이 지나간다. 제주 바다, 동해 바다에서도 매년 치어들이 잡히지만 버려지거나 헐값으로 사료공장으로 들어가는 실정이다. 근해의 질 좋은 자원을 제대로 활용할 수 없는 현실이 안타깝다. 치어를 잡는 어민들에게도 큰 수입이 되고, 양식업을 하는 우리도 도움이 된다. 해양수산부가 적극 나서줘야 명분도 있다. 개체 수 보존하자는 것이 쿼터 아닌가? 치어 살려서 양식하고 기르고 또 부화 기술 성공시키면 보존 목적이 제대로 달성된다고 본다.

바다 자원은 무한대이다. 국가기관과 지방자치단체에서 이 좋은 무한자원들을 획득할 수 있도록 제대로 지원해주기를 바란다. 국적도 불부명한 냉동 참치가 아닌 통영 바다에서 기른 참다랑어를 우리 국민들이 저렴한 값으로 먹을 수 있는 날이 오기를 바란다.

– 꿈이 뭔가요?

꿈, 내게도 은빛 꿈이 있다.

가난한 어부의 칠 남매 중 여섯 번째로 태어나 요람에서부터 바다만 보고 살았다. 양식전문학교를 나온 것도 아니고 손바닥에 지문이 닳도록 몸으로 노력한 사람이다. '인류의 역사는 수렵과 함께 시작되었다. 수렵 도구가 발달할수록 우리의 의식주는 풍족하고 다양해졌다. 인류와 함께하는 수많은 물고기 중에 주목한 물고기는 참치와 대구, 연어이다.'

인간의 식탁에서 빼놓을 수 없는 물고기이지만 남획과 환경오염으로 사라질 위기에 놓인 이 세 가지를 집중 조명한 '생선의 종말'이라는 다큐멘터리를 여러분들도 봤을 것이다. 유럽 남방에서 무분별한 남획으로 사라지는 참다랑어를 욕지도 은빛 바다에서 내 손으로 키워 국내외 시장에 공급하는 게 꿈이다.

PD와 카메라맨, 우크라이나에서 온 아가씨 마리아와 엘레나 모두 촬영하다 말고 엄지를 척 올린다. 방송인데도 실수 없이 즉문즉답하는 그의 센스가 최고라는 찬사였다. 며칠에 걸친 어장 촬영과 인터뷰가 순조롭게 끝났다.

오늘 밤 텔레비전으로 만날 바다만 사랑한 남자의 모습이 매우 궁금해진다.

(26회 한국 해양문학상 최우수 작)

통영바다를 직구하세요

"훌륭한 음식은 훌륭한 재료에서부터 출발합니다."

스시 요리 장인이 욕지도를 찾아왔다. 해수부와 통영시 협찬으로 참다랑어 촬영을 하기 위해 온 일본 도쿄 미슐랭 3스타 레스토랑 셰프 출신 코우지가 바로 그다. 서울에서 'こうじ 코우지'라는 일식당을 경영하는 일본사람이면서 한국말이 능통했다.

코우지 씨는 식당 일을 마치고 고속도로 밤길을 6시간을 달려왔다고 했다. 통영에서 복국으로 가벼운 아침을 먹고 서울 출발 9시간 만에 욕지도에 도착했단다. 연예인처럼 예쁘장한 모습과 선한 미소에서 친근감이 느껴졌다.

코로나19로 인하여 외식업이 힘들 때 통영 맛집. '문참치', 투잡으로 시작한 아들과 직원들도 어장에서 코우지 씨와 함께 했다. 그는 어장이 생긴 유래와 다랑어를 잡아 올리는 과정까지 세세하게 묻고 또 물었다.

이십여 년 하이앤드 스시 요리사로 일했어도 살아있는 참다랑어를 잡아보는 것은 처음이라며 흥분이 가라앉지 않는다고 했다. 욕지도에서 오후 배로 나온 우리는 통영에서 숨 돌릴 틈도 없이 다랑어 해체작업을 시작했다.

코우지 씨는 우리 직원들이 어떻게 하는지 보고만 있었다. 자신이 손수 나서지는 않으면서도 직원들의 잘못된 칼질을 예리하게 지적했다. 일본의 스시 장인의 기술 전수라고 할까. 전문 스시 식당을 운영하는 요리사 앞에 선 직원들은 서툰 작업 과정이지만 최선을 다했다. 몇 마디 말로서 쉽게 배울 수 있는 기술은 아니지만 눈치껏 최대한 받아들이고 있었다. 그도 최고라는 뜻으로 엄지를 연신 치켜세웠다.

코우지 셰프는 좋은 재료를 찾아 끊임없이 전국을 다닌다고 했다. 자신이 배웠던 것처럼 낯선 한국인들이 해체 방법을 배우는 모습을 지켜보고 칭찬도 아끼지 않았다. 무뚝뚝한 일본 스시 장인의 이미지와는 반대로 직원들에게 먼저 다가갔다. 다랑어 맛이 잘 전달될 수 있는 다양한 요리법도 가르쳐 주었다. '문참치' 식구들도 스시 장인이 될 수 있기를 바란다.

통영시와 청년사업가들이 모여 '마켓570' 통신 판매망을 새로 만들었다. 크고 작은 오백여 개의 섬과 그 안에서 무한한 수산자원을 품고 있는 통영의 이미지를 담아 이름을 지었다고 한다. 생산자와 소비자의 직거래 온라인 쇼핑몰 '마켓570'은 멍게, 참치, 굴, 멸치, 장어 등 싱싱한 통영산 수산물을 전국 각지로 통영바다를 직구하고 있다.

다랑어 해체쇼가 수시로 벌어지고 언제든지 참치 부위별로 맛볼 수 있는 일본 도쿄 스츠키 시장처럼 여행객들이 통영에서 생다랑어를 체험하고 맛볼 수 있는 대표적인 음식점을 만들어 보겠단다. 그러기 위해서는 대형 오프라인 전문 식당도 필요하다. 우리 바다에서 키워, 우리 손으로 맛 보여주는 의미가 크다며 포부가 대단하다. 다랑어 몸값은 비싸지만 통영을 찾아오는 관광객들에게 추천하는 음식을 만들어볼 양으로 홍보 차원으로 상당 기간 저렴하게 판매할 계획도 갖고 있다.

"세계 1%의 최고급 참다랑어를 이렇게 팔면 안 됩니다."

서울에서 온 코우지 셰프도 생 참다랑어를 냉동 수입 다랑어 절반 값으로 팔고 있는 것을 보며 놀라워했다.

이태 전 겨울에 있었던 일이다. 우리 참다랑어가 서울 강남으로 처음 입성하던 때였다. 아들하고 함께 한번 다녀오라는 남편의 말에 다랑어를 판매하는 오마카세 식당을 찾았다. '오마카세(任せる)'란 메뉴를 정하지 않고 그 식당의 요리사에게 전부 맡긴다는 말이다. 아들과 조카, 셋이 먹은 저녁 밥값이 생각보다 비쌌다. 셈을 하고 돌아서는데 지갑을 소매치기 당한 것 같은 기분이었다고 말했다가 혼났다.

"당신 다랑어 키우는 사람 맞소? 최고급 요리를 먹고는 무슨 말을 그렇게 하는 거요."

다랑어를 고급화 시키지 못할망정 비싸다는 소리나 한다며 눈 흘기던 남편, 최고급 먹거리를 위해 노심초사하는 마음 헤아리지 못하고 지갑 털렸다고 말했던 게 오랫동안 미안했다.

신선한 통영의 수산 재료를 직접 구입해서 집에서 맛볼 수 있다는 게 '마켓570'의 대단한 혁신이라고 칭찬하는 코오지 씨가 회 한 접시, 초밥 한 접시 만들어 내놓았다. 미슐랭 3스타의 솜씨는 달랐다. 훌륭한 음식은 훌륭한 재료에서 출발하고 훌륭한 요리사에게서 완성된다. 역시 국제적인 맛이었다.

통영 바다에서 키운 참다랑어! 매번 미슐랭 스타셰프가 해주는 요리로 먹을 수 없지만 통영 젊은이들이 모여 만든 장터에서 통영바다를 직구하기를….

(26회 한국 해양문학상 최우수 작품)

필-SSU

선창이 술렁거린다. 가풀막 너머 수백 년 터를 잡고 군락을 이룬 조릿대 사이로 아침 햇살이 매운바람을 몰아낸다. 하나둘 점퍼 자락 펄럭이며 선창에 모여드는 발걸음. 서울에서 수중촬영 팀원들이 다이버장비들을 싣고 왔다.

'강철부대 SSU'에 출연했던 건장한 청년들, 한 청년은 튼실한 허벅지를 드러내놓고 속옷 같은 반바지만 입었다. 안 춥냐고 물었더니 머리카락을 빡빡 민 청년은 고개를 저었다. 그저 바라보는 바닷바람만으로도 으스스하고 몇 겹의 옷과 목도리로 온몸을 싸고 있는 내게 그 젊음은 부러움이다.

"필-쑤!"

필승이 아니었다. 그들의 인사와 구호는 '필-SSU!'였다. 크고 작은 참다랑어 3천여 마리가 나누어져 자라고 있는 가두리

중에서 현재 출하를 앞둔 가두리에서 촬영을 시작하기로 했다.

"참다랑어가 놀랄 수 있으니 십여 분씩 촬영하고 나옵니다."

감독관이 대원들에게 시간을 정해주었다. 그리고 다랑어와 잘 찍은 수중촬영은 상금이 있다는 귀띔까지 전했다. 그들은 설렘과 흥분으로 구호를 외치며 차가운 바다 속으로 한 사람씩 미끄러지듯 들어갔다.

잠시 후, 다랑어 떼가 순식간에 물밑으로 내려가 조용하다며 먼저 들어간 대원이 허탈한 표정으로 올라왔다. 다음 대원은 멀리 지나가는 다랑어 떼를 봤다며 엄지를 치켜세웠다. 다랑어는 눈을 뜨고 잠자고 시속 70~80㎞ 빠른 속도를 낼 수 있다고 한다. 어린 치어로 수년간 그물에서 빛을 싫어하며 살았으니 보글거리는 공기 방울로도 낯선 물체라는 걸 알아챘을 것이다. 다른 물고기보다 영리한 지능을 가졌기에 그물 바닥으로 깊이 피해 내려갔을 수 있다. 뒤이어 입가에 웃음을 머금은 빡빡머리 청년도 정해진 시간보다 빨리 올라왔다. 다랑어 떼가 시계 반대 방향으로 원을 그리는 멋진 장면을 담는데 성공했다며 좋아했다. 다랑어들이 한 방향으로 돌아간다는 것을 처음 보았다는 청년들.

가두리 위는 청년들의 호기심으로 출렁거렸고 양식장 하루는 그렇게 저물었다.

드디어 TV방송 날이다. 촬영 날 그때처럼 바람이 차다. 올

겨울은 유난스레 춥다. 추워도 추운 줄 모르고 코와 볼이 빨개지도록 뒤안길과 마당을 뛰어 다니는 꼬맹이처럼 여기저기 텔레비전 봐달라며 자랑질한다.

"'해양 쑤년단'
2월 10일 저녁 10시 30분 채널A에서 방송합니다.
바람 쌀쌀하던 날, 건장한 청년들의 노동과 새로운 체험을 한번 보십시오.
세계에서 제일 차가운 바다에서 성공한 참다랑어 양식장을 볼 수 있습니다.
양식업에 청춘을 저당 잡히고 할아버지가 된 집념의 사나이와 '해양쑤년단'
젊은이들이 욕지 바다에서 누구도 경험하지 못한 재미를 줄 것입니다.
참다랑어 어장에서 한 시간 방영이지만 잠시 웃고 젊어져보십시오."

텔레비전으로 '통영남평문참다랑어'가 전국으로 방송되던 날, 경쾌한 음악과 자막이 흐르고 상황에 맞춰 신명난 성우의 재담 섞인 설명에 덩달아 화면 속으로 빨려 들어간다.

"바다 속에는 무슨 일이 벌어질까?
바다에서 펼쳐지는 대한민국 최초 수중 버라이어티.
해양SUU년단의 vs 거대참치!"

하늘을 닮은 바다 위 스물일곱 개의 둥근 가두리가 가지런히 놓여있다. 가두리 난간에 선 불굴의 남자는 청년들과 인사를 건넨다. 청년들의 질문으로 화면이 펼쳐지자 사십여 년 바다와 애증하며 버텨 온 청년 같은 할아버지의 대답은 막힘이 없다. 일흔 나이지만 가능성만 믿고 하나에서 둘을 만들며 목표를 향해온 그이와 낯선 환경에 적응하는 젊은이들의 열정이 어우러져 TV속 푸른 바다는 흥미를 더 했다. 그렇게 그물 속 다랑어들이 먹고 자는 궁금증을 풀어주는 진중한 시간은 한동안 흘러갔다.

사료 주는 일과 150kg이 넘는 다랑어를 낚시로 잡아채 신속히 얼음물에 채우는 장면까지 빠르게 펼쳐진다. 다랑어 해체 과정이 나온다. 부위별 맛이 모두 다르다는 식도락의 설명도 곁들여진다. 프로그램은 1시간여 만에 끝났다.

젊은 날에 참다랑어를 향한 그의 인내와 끈기가 둥근 가두리 안에서 함께 파도를 탄다. 쉽게 사는 세상과 손잡지 않고 삶의 마지막 변곡점을 찾아 견고하게 살아온 결과물이 푸르게 출렁거린다.

띠리링~. 까톡….

방송을 본 지인들의 문자와 전화벨이 이어진다. 고단함을 잠시 내려놓는 밤이 깊어간다.

(26회 한국 해양문학상 최우수 작품)

햇살 자르는 풍경

호미 하나 달랑 들고 나서면 반찬거리 지천이던 통영 산양면 삼덕항 포구.

음력 2월은 일 년 중 조수간만의 차이가 큰 영등사리* 때이다. 마을 사람들 따라 마을 건너 바닷가에 내렸다. 바다 위로 불어오는 바람은 부드럽지만 물속에 빠져 작업하기에는 살갗에 소름이 돋을 정도로 차갑다. 썰물 때를 맞춰 바닷물이 빠지기 시작한다. 갯벌 바닥에 구멍을 파고 사는 방게들이 햇살 길게 지나 간 자리에서 마중처럼 반긴다. 손톱만한 게딱지를 짊어지고 봄나들이 나왔다가 발소리에 놀라 줄행랑치는 모습은 수준급이다.

웃음소리에 뒤돌아보니 파도가 핥고 간 거뭇한 톳 한 줌을 잡고 칼질하던 아낙들의 음담익살이 비릿한 갯내처럼 출렁거린다. 아낙들의 깔깔거리는 말들은 직설화법이다. 나이 탓인지 음험하게 뱉는 소리들이 거슬리지 않는다. 어쩌면 굴곡진 삶에서 묻어나오는 감칠맛이라 그냥 따라 웃는지 모른다.

바다 위로 내린 햇살처럼 웃음이 넉넉하게 번지던 날, 모처럼 부녀회가 운영하는 갯벌작업에 동참했다. 어촌의 공유자산이기에 마을 주민이라도 마음대로 톳, 미역, 조개 등을 채취할 수 없고 공동체 규칙을 따라야 한다. 스무 해 넘게 마을을 떠나 살았던 그동안의 마음과 마음을 연결하려는 동네 아주머니들의 배려로 개발* 작업에 동참하자는 말에 따라나섰다.

갯벌 너덜겅에 무성하게 자란 해초는 발이 미끄러지기에 안성맞춤이다. 허리까지 밀려드는 파도도 고된 일이 익숙한 아낙들에게 이기지 못했다. 서툴러서인지 톳과 미역 채취하다 발을 헛디뎌 미끄러졌다. 허리도 펼 겸, 얻어 신은 장화 속에 젖은 양말까지 벗어두고 섬으로 오가는 크고 작은 배를 바라보며 앉았다. 찐한 갯내에 젖어본 지 얼마만인가. 작은 방게를 쫓다말고 돌을 들춰 고둥 몇 마리 주워 담다 파도에 실려 온 기억들을 들춰본다.

스물다섯의 새초롬한 청춘이 피천득 선생의 「인연」을 어찌 이해 할 수 있었을까.

햇살 눈부신 삼월이었다. 어촌으로 시집와서 시집살이 할 그때는 오가는 사람마다 안부를 묻던 작은 마을, 삼덕항 포구.

오늘처럼 공동 작업을 했던 그날들이 만화경처럼 펼쳐진다. 순수했던 그리움들이 봄바람에 실려와 가뭇하게 일렁거린다.

그 시절엔 자연이 살아 있었다. 선착장 밑에는 멸치 떼들이며 문어, 꽃게, 바지락 등등…. 산업이나 경제 발전을 위한 개발(開發)이 없었고 기후변화도 크게 없었던 때라서 호미 하나 들고 나가 반찬거리를 거둬오면 되었다. 오늘처럼 배를 타고 바다를 건너가는 것도 아니었다. 먼 곳으로 가는 수고가 없어도 먹을 게 풍부했다.

어느 봄날, 시어머니 대신하여 오늘처럼 공동 작업에 참여했다. 갯일이 서툴렀던 나는 모래톱을 열심히 뒤졌지만 조개는 보이지 않았다. 손놀림이 빠른 아낙들은 바구니 가득 조개를 파서 큰 고무대야 쏟아놓고 다시 바구니를 채우는 동안 내 바구니는 텅 비어있었다.

"하이구야! 대문 집 셋찌는 조개가 새빘는데 고마 갔빈다. 쌔빠지게 파기만 팠제 뒤따라 감시 줏어도 한 거시 줍것다."

모래톱을 부지런히 후비고 지나온 등 뒤에서 아주머니가 혀를 끌끌 차며 한 소리 했다. 해거름이 내리고 밀물이 밀려올 때쯤 공동 작업은 끝났다. 선창에 가마니를 깔아놓고 조개를 모았다. 자잘한 돌멩이가 반이 넘는 조개 바구니를 동네 아낙들의 웃음으로 채웠다. 어머니도 선창에 나와 계셨다. 조개를 파본 적 없는 며느리의 벌겋게 달아오른 얼굴과 조개 바구니를 번갈아 보시던 그 표정, 지금껏 잊히지 않는 그리움으로 남아 있다.

바다와의 만남은 그렇게 시작되었다. 갯촌에서 어찌 살 것인가를 걱정하셨을 시어머니의 기도가 사십여 년이다. 숱한 시간들이 흘러갔어도 갯일 서툰 사람으로 가끔 서 있다. 누군가 풀 수 없는 매듭으로 매어 준 것인지, 아니면 인연의 덫에 걸린 것인지도 모른다. 내가 아닌 바다만을 사랑하는 남편을 해바라기 하며, 매듭이든 덫이든 결과는 필연이었다.

80년대 초, 우리 마을에는 가두리 양식사업이 활성화되었다. 가가호호 살림들이 윤택해질 무렵부터 부녀회가 결성되었다. 매년 음력 연등사리 때는 집집마다 부인들이 나와 조개와 봇을 캐고 씨를 뿌리는 공동 작업에서 벌어들인 수입을 마을기금으로 활용했다. 어른들을 위한 경로잔치도 이웃 마을보다 빠르게 추진했다. 부인들의 허락된 외출의 한 방법으로 관광버스를 타고 외지로 나가 막걸리 한 잔에 속앓이를 풀어내는 시간도 가졌다. 이삼일 휴식으로 힘을 얻어 한 해도 거르는 일이 없었다. 고단하면서도 재미있었던 추억들이다.

빨리 오라는 큰 소리와 저만치 우리들을 태우고 갈 배가 들물 따라 너덜겅 위로 들어왔다. 배를 놓치면 한참을 걸어야 마을에 갈 수 있다. 바쁘게 배를 타니 누군가 한마디 한다.

"옛날이나 지금이나 갯일 못하는 것은 여전하네."

아낙들의 호방한 웃음소리가 노을 속에 붉게 물든다.

톳, 미역, 방게와 고둥 몇 마리 담긴 바구니를 들여다보면서 싫지 않은 농짓거리에 봄날이 저물어간다.

*연등사리: 년 중 음력 2월, 바닷물의 간만의 차이가 1일 2회 되풀이 되는데 밀물과 썰물의 차이가 많이 날 때.

*개발: 갯벌에서 공동으로 작업하는 통영, 거제 사투리.

(26회 한국 해양문학상 최우수 작품)

지구방위대 떴다

"TV 잘 봤습니다."

"고맙습니다. 염려해주신 덕분입니다."

연이은 축하 전화가 싫지 않다. 입 안 가득 알사탕을 물고 있는 것처럼 달콤한 콧소리가 난다. 가슴 벅참보다 수십 년의 고단함을 보상받는 듯 기분이 좋다. 엊저녁 TV방영할 때는 가슴 설레고 눈시울 빽빽해 자세히 보지 못하였기에 따뜻한 차 한 잔 들고 채널을 돌린다.

'국내 최초로 성공한 대한민국 참다랑어.'

카피가 화면 가득 눈길을 잡는다.

"지구방위대원들 차 타."

경상도 사나이의 투박한 목소리가 욕지도 선창에서 울려 퍼진다. 출연진이 차를 탄다. 출연진들과 촬영팀은 어장이 바라보이는 작은 방파제에 도착했고 여기서 다시 3척의 배로 나누어 타고 푸른 바다를 달린다. 도드라진 스물네댓 개의 줄지어 선 둥근 가두리 안에는 살찐 참다랑어 떼들이 강하게 물보라를 친다.

이 프로그램은 80kg 넘는 다랑어를 낚아내는 1부와 노동의 고단함을 살펴보는 2부로 나뉘었다. 우리 바다에서 한 번도 시도된 적이 없는 다랑어 양식이 1시간 넘도록 전파를 타고 전국으로 알려지고 있다.

지난 2월 초, 모 방송국 작가의 전화를 받았다. 공익근무요원 출신 연예인들이 방위전우회를 결성하여 전국 각지 극한직업을 찾아 실제로 똑같이 일하고 하루 일당을 받아 사회에 기부하는 예능프로 '지구방위대'다. 국내 최초의 참다랑어 양식장에서 일과 웃음을 나누는 촬영을 할 수 있으면 좋겠다고….

지난해부터 여러 매체에서 촬영 섭외가 왔지만 매번 거절한 탓이라 내심 조심스러웠다. 게다가 동백과 매화가 피는 2월이면 꽃샘바람으로 날씨 잡기가 수월치 않다.

이번에는 승낙하기로 했다. 며칠 뒤 서울에서 작가와 제작진 몇 사람이 답사 겸 욕지도로 왔다. 계절풍을 예측할 수 없는 제작자들과 우리는 기온이 상승할 일주일 뒤 일기예보를 봐가며 촬영날짜를 잡았다. 날씨가 극히 예민할 때라서 만약의 사고를 대비해 준비할 일이 많았다.

어둠이 가시지 않은 새벽 6시, 삼덕항을 출발하는 배에는 연예인과 촬영 스텝 수십 명이 북적댔다. 서울에서 밤새 달려온 이들은 등을 기댄 채 차가운 도시락으로 아침끼니를 때웠다. 우리네 남편이고 아들딸들인 그들이 비좁게 앉아 식고 퍽퍽해진 도시락을 먹는 모습이 안타까웠다. 미리 따뜻한 물이라도 준비 못한 미안함에 선실 밖으로 나갔다.

서쪽으로 사위어가는 하현과 우듬지 새싹처럼 솟아오르는 일출이 하늘과 바다를 붉게 물들이며 만나고 있었다. 생각보다 바람이 포근하여 순조롭게 촬영을 끝낼 수 있을 것 같았다.

"점심시간에 출연진들에게 자랑 많이 하세요."

난간에 기대선 작가의 말이다. 그 순간, 남다른 의지와 열정이 없었다면 여기까지 오지 않을 사십여 년 세월이 주마등처럼 스쳐 지나갔다.

바다의 혁명을 꿈꾸며 참다랑어 양식사업에 도전할 때 다들 불가능하다고 머리 흔들었다. 갯가에서 태어나 바다 일을 일찍 시작했던 그는 무자비한 자연재해와 거듭된 실패를 겪고 또 극복하면서 양식어장 분야 전문가가 되었다. 새로운 도전은 늘 긴장이 따랐지만 앞만 보고 달렸다.

군청색 짙은 하늘이 바다로 꺼져 밝아지지 않기를 바랄 만큼 나아지지 않는 불확실성의 끝을 잡고 울먹거릴 때가 많았다. 그때마다 우리 부부는 3-3-3사유(思惟)로 견뎌냈다. 3분 침 꿀

꺽 삼키며 순간을 참고, 3시간은 그냥 눈 감고 견디고, 3일은 원점에서 이의 없이 받아들였다. 이미 일어난 일에 연연하지 않았다. 그렇게 버텼다.

오기로 견디다 보니 풀리지 않던 답들을 찾아낼 수가 있었다. 무지하다고 남들은 말하겠지만, 보일 듯 말 듯했던 답을 우리는 알고 있었다. 어떤 절망적인 상황도 우리의 의지보다 강할 순 없었다. 포기하지만 않는다면 절망도 희망으로 변화되어 갈 수 있다는 것을 알았기에 우리는 도전했고 또 도전하는지도….

청춘을 저당 잡혀온 그의 설명이 재미를 더 한다. 돌탑 쌓듯 이루어온 일평생을 한두 시간에 보여준다는 건 무리지만 확고한 신념과 경험들이 담겨있었다. 연예인들과 출연진들이 서툴게 가두리를 오르내리는 것처럼 나도 무슨 말을 했는지 숫기 없이 그이 옆에서 웃고만 있었다. 무엇보다 바다 일을 처음해 보는 출연진들과 많은 스텝들, 무거운 카메라를 들고 다니는 그들이 사고 없이 참다랑어 양식장을 보여주어서 고마웠다. 촬영이 순조롭게 끝났다.

"다랑어 양식장과 우리 집 유쾌한 에피소드 생겨서 좋네요."

힘을 다해 참다랑어를 기른 아버지의 노고를 본 아들 며느리들의 위로와 지인들의 전화는 평생을 짝사랑해 온 바다의 값진 대답이었다. 그간의 고생을 보상받고 있다는 기분에 빠져 TV

앞을 떠나지 못한다. 내게도 이런 날이 있다니….

참다랑어 양식은 광범위하고 잠재력을 가지고 있는 시장이다. 올 하반기쯤이면 100kg이 넘는 다랑어로 우리의 식탁 위에 푸른 밥상이 저렴하게 차려질 것이다. TV방영으로 다랑어 양식장이 남해바다 통영 욕지도에 있다는 것을 알면 좋겠고, 식도락가들 입에서 입으로 최고라는 찬사가 쏟아지기를 희망한다.

(26회 한국 해양문학상 최우수 작품)

다랑어들의 사랑법

일본과 유럽 남방 쪽으로 장기 출장길에 앞서 해양수산부 국립수산과학원 연구원들이 먼저 우리 어장을 찾았다. 다랑어 산란철에 맞춰 그들의 사랑 행위를 엿보기 위해서다. 산란기 수정란을 채취하여 다랑어치어를 배양하기 위한 연구가 아직 초기단계이다.

봄부터 여름에 걸쳐 난수층을 이루고 있는 통영 욕지도 참다랑어 어장은 난류성 어족이 동한해류를 따라 회유하는 장소다. 말 그대로 윗부분은 차가운 물, 아랫부분은 따뜻한 물로 나뉘어 층을 이루고 있다. 남동해안을 따라 북쪽으로 오르내리는 빠른 조류와 깊은 수심 때문에 적조도 드문 곳으로서 참다랑어 양식에 적합하단다.

연구원들은 염천 뙤약볕에서 이제 대여섯 살 된 다랑어들이 살고 있는 가두리 주변에 알들이 유실되지 않도록 부드럽고 촘촘한 그물(월러거즈와 같이 그물코가 매우 작은 거즈 형태의 그물)을 두르는 것부터 시작했다. 짝짓기와 산란과정을 거쳐 암놈의 알에다 수놈이 정자를 방사해 마침내 수정란이 완성되면 채집할 것이다. 이를 위해 많은 준비를 해놓고 기다린다. 다랑어 알집은 몸무게에 따라 크기도 다르다. 여러 과정을 관찰하려면 고도의 인내는 물론 동시에 미지의 모험을 떠나야 한다.

작은 우주를 들여다보듯 은밀하고 거룩한 생명의 탄생을 지켜보기 위한 그늘막 아래는 그야말로 불더위이다.

"고 녀석들 참 힘들게 하네."

온 정신을 집중하던 연구원이 더위에 무기력해지는 자신을 추스르다 말고 한숨처럼 내뱉는다. 애정과 열정이 담긴 독백이다. 산란하기 좋은 조건을 찾아 더 넓고 은밀한 곳을 향하여 다랑어들은 가두리를 박차고 나갈 듯이 몸부림을 쳤다. 연구원들이 가까이 가기만 해도 더 깊은 곳으로 숨어버렸다. 어쩌면 그것이 다랑어의 영리한 생존본능인지 모른다.

다랑어들도 사랑에 빠지면 아픈 것인지 100kg 넘는 덩치로 사료도 먹지 않고 서로 몸을 부볐다. 다랑어는 산란하기 1~2개월 전부터 유영하는 암컷의 꼬리를 보고 수컷이 쫓아다니며 사랑을 표현하는 것으로 알려져 있다. 자기네 사랑법을 알아달라는 격렬한 몸짓 탓인지 후줄근히 살이 빠지고 추레해졌다.

가두리라는 인공의 장소가 그들이 사랑 나누기에는 적합하지 않았던 것일까. 알 수 없는 신음을 토하면서 지느러미와 피부에 상처가 날 정도로 날카롭고 사나운 행동이 이어졌다. 벌겋게 달아올라 몸부림치는 다랑어들은 곁에서 바라보는 것만으로도 안타깝다. 뙤약볕 아래 바다 속을 내려다보느라 휜 등으로 애간장이 녹는 건 연구원들의 몫이다. 주어진 시간은 흘러가고 다랑어들은 생명의 신비를, 그들의 사랑 행위를 끝내 보여주지 않았다.

연구원들은 하루 이틀, 생명의 탄생 전위의식을 기다리다 한 달여 만에 빈손으로 돌아갔다.

고급어종 양식시대.

'바다의 귀족'이라 일컫는 참다랑어, 수십여 년 전부터 무자비하게 남획된 데다, 지구 온난화와 환경변화로 개체 수가 줄어들어 전 세계 어획량의 1%에 지나지 않는다고 한다. 이런 때에 '먹을거리 6차 산업'으로 다랑어치어 배양에 관심을 보여 반갑다. 참다랑어가 멸종 위기에 놓이고 따라서 자연산 어획량이 갈수록 줄어드는 사태를 막으려면 대규모 대체양식이 필요하다. 쉽지 않는 일이지만 미래 먹거리를 위해 연구원들이 배양사업에 열정을 쏟아붓는 이유다.

참다랑어 알집을 채집해서 수정하고 치어를 생산하게 된다면 일본 근해에서 수입하고 원양어선에 의존해 왔던 치어 확보라는 최대의 난제가 해결된다. 다랑어치어 배양은 세계적인 모험이고 그래서 한번 해볼 만한 가치가 충분하다. 치어 배양에 성공만 한다면 앞으로 국내의 다랑어 양식산업은 무한대로 커나갈 것이고, 사라지는 자연산 다랑어의 대안이 될 것이기에 포기할 수 없는 무한경쟁의 산업이다.

참다랑어 양식을 위해 유럽연합(EU)이 공동으로 추진하는 '트랜소도트(Transdott) 프로젝트'* 총괄책임자이자 뒤셀도르프 하인리히 하이네 대학의 참치 전문가인 크리스토퍼 브리지스 씨는 "참다랑어 양식은 모험 그 자체"라고 말한다.

바다에서 시속 80킬로, 매년 수천 킬로를 누비는 육식어종 참다랑어는 애초부터 양식에 적합하지 않다고 했다. 그토록 어렵다는 참다랑어 양식을 주변에서 극구 만류했지만 우리는 우리만의 기술로 성공시켰다. 양식과 별개로 치어 배양 문제는 여전히 어려운 숙제로 남는다. 다랑어들의 사랑법을 알아내고 치어 부화율을 끌어올릴 수만 있다면 대한민국 양식산업의 고부가가치화가 달성되리라.

머지않아 음식에 커다란 변화가 올 수 있다. 우리가 이제껏 먹어온 먹거리와 차별화된 식자재로서, 새로운 연구와 기술을 바탕으로 바다에서 배양하고 양식하여 인류의 식량난을 해결하고 자연 생태계를 훼손하지 않을 이 미래의 식량 자원을 누군가 연구하고 준비해야 할 것이다.

통영 바다에서 참다랑어 양식도 성공했으니 우리의 기술로 치어 배양도 머지않았다. 누군가 한발 앞서는 사명감으로 무한한 가능성을 창출할 수 있다면 좋은 일이라고 본다. 이론적으로 확신하지만 녹록하지 않은 일이라는 것도 잘 안다. 하지만 우리의 열정으로 잘 풀어낼 것이라 믿는다.

다랑어들이 사랑하는 방법을 엿볼 수 있고, 완전 양식이 실현되는 그날을 고대하며 미래 먹거리를 위하여 푸른 꿈을 키운다.

*트랜스도트(Transdott) 프로젝트: '바다의 귀족' 참치를 잡지 않고 기르는 사업. 참다랑어 멸종을 막기 위해 유럽국가(EU)들이 참치양식을 서두르고 있다.

(26회 한국 해양문학상 최우수 작품)

우리의 항변

뜻 모르는 일로 마음이 바빠지고 머리가 복잡하다.

해양공공기간에서 회의를 하자는 공문이 왔지만 코로나로 인하여 취소되었다. 며칠 뒤 수산 담당부서에서 문서가 왔다. '수산업 발전에 신제품 개발 응용과 어업인의 현장 애로 및 현안 사안 해결을 위한 조사'에 관한 내용이었다. 별지에는 참다랑어 양식산업 협의절차를 거친 일부 품종에 대기업 진입을 허용하고자 한다는 일방적인 통지문이었다.

서둘러 참다랑어 양식을 하는 우리의 입장을 서면으로 전달했다.

'한국 최초 참다랑어 양식 성공을 위해 당신들은 무엇을 해 주었는가?'

수십여 년 바다를 일구어 온 우리에게 도움은커녕 봄여름 제주도와 동해안에서 잡히는 다랑어치어도 양식용으로 쓰지 못하게 했었다. 국내 연안에서 잡히는 귀중한 치어들이 사료공장으로 헐값에 팔리는 참극이 벌어져도 참치 조업 쿼터만 따지고 실제적인 대책을 세워주지 않았다. 치어를 수입해 오는 애로를 건의했지만 나아지지 않았다. 수입 조정관세 검토를 희망해도 귀 막고 모르쇠로 일관했지 않았던가.

일본은 어장 면허를 주면 자국민을 지원하고 관리해준다. 우리나라는 면허만 내주고 정작 관리는 하지 않았다. 양식어업에 종사해오면서 그런 어려움들을 많이 겪었다. 예로 들면 도미, 우럭, 잡어 활어 양식사업이 한때 활성화된 적이 있었다. 하지만 당국의 면허 남발로 기르는 어민이 많아졌고, 그 결과 가격은 폭락하고 공급이 넘쳐 빚더미에 앉아 파산하는 일이 비일비재했다. 해외 값싼 수입 수산물까지…. 적정한 규모로 기존 면허를 관리하고, 어민에게는 새로운 기술 지도와 순발력 있는 지원을 통해 대외경쟁력을 유지할 수 있도록 돕는 게 바로 공공기간에서 할 일이었지만 과연 우리 어민을 위해 무엇을 했다고 대기업을 참여시키려고 하는가?

불모지를 개척한 수고와 노력들을 공공기관의 일방통행은 안 될 말이다. 관리 없는 면허남발이 어떤 결과가 될지 불 보듯 하다. 대규모 자본 투입과 대형 유통망 구축이 용이한 대기업의 진출을 왜 반대하겠는가. 먹거리 시장에서 소자본 어민에게 치명적인 가격정책이 될 것이기 때문이다. 해수부는 이런 사태를 막아 줄 의지와 실천력이 과연 있는지 묻지 않을 수 없다.

강하게 답변을 적어놓고 참다랑어 양식 초창기를 돌아본다.

오래전에 노르웨이 양식장 견학을 다녀온 후, 남편은 다랑어를 키워보고 싶어 했다. 일본을 수십 차례 드나들며 다랑어를 키우는 가두리 형태와 성격을 익혔다. 양식장을 설치할 수 있는 적합한 장소를 찾아 제주연안까지 돌아다녔다.

겨울 된바람을 막아주는 섬도 있어야하고 용승해류*가 흘러가는 지리적 조건이 맞아떨어져야 했다. 해류를 따라 봄여름에 걸쳐 어족이 회유하기 때문에 수심이 40~50m쯤 깊고 흙물(적조)이 일어나지 않은 곳을 찾기란 쉽지 않았다. 바닷가에서 태어나 출렁거리는 바닷물만 바라보고 살았기에 어장자리를 찾는데 남다른 눈이 밝았다. 통영과 그리 멀지 않은 욕시노. 수십여 년 양식업을 한 경험으로 마지막 자존심이라며 욕지도에서 다랑어 키우기를 시작했고 몇 번의 실패와 도전을 반복하며 기술을 쌓았다.

바다가 세상 전부인 그는 멍게와 활어, 참다랑어에 이르기까지…. 모두가 무모한 도전이라고 말들을 했지만 일찍부터 양식의 가능성을 알았다. 젊음을 투자했고 바다를 보듬고 몸부림쳤다. 만류하고 싶은 갈등은 오롯이 나의 몫이었다. 열정적인 눈빛에 설득되어 체념 반으로 고개 끄덕이며 여기까지 왔다. 숱한 경험 끝에 새로운 돌파구를 찾아 참다랑어 양식은 그렇게 시작되었다.

양질의 먹거리를 생산하겠다는 업체가 있다면 그동안 겪었던 비싼 수업료를 지불한 경험으로 아낌없이 공유하여 제2 제3의 양식장을 만들 생각이었다. 우리와 같은 소자본의 어민들에게 향한 진정한 말이었다.

바다의 귀족 참다랑어.

욕지도 차가운 바닷물에서 상업적으로 성공한 다랑어 양식이지만 아직도 미완성이다. 낚싯바늘에서부터 전국으로 수송하는 스치로폼 박스까지도 하나하나 수입해야 할 정도로 크고 작은 어려움들이 많이 산재해있다. 이제부터 본격적인 대량생산 체재로 가려면 갈 길이 멀다. 이 단계에서 불쑥 무임승차 대기업에 면허특권을 주겠다는 움직임은 이해되지 않는다. 정책적으로 그렇게 해야 한다면 우리 기술을 우선적으로 인수해야 할 것이고 그러길 바랄 뿐이다. 그들이 다랑어를 키워 국민들에게 싸고 건강한 단백질을 진정 제공하고 싶다면 민간업체를 인수하는 게 답이다.

공공산하기관에서 대기업을 선정하여 뒤를 밀어주는 일은 없어야 할 것이다. 뜻 모르고 당하는 일들이 생기지 않기를 바라고 또 바라는 일이다.

*용승해류: 영양분이 풍부해서 어장을 만드는 것 외에도 지질학적으로 중요하다.

(26회 한국 해양문학상 최우수 작품)

덩달아 웃는다

“그렇게 하자. 지금 속초가고 있다.”

일본에 수출할 방어치어 구입을 위해 강원도로 가는 길이다. 지난여름, 다랑어 양식장에서 발생한 다랑어 집단폐사 사고를 잠시 잊기 위한 몸부림이다. 잃어버린 것만큼 대체 사업으로 할 수 있는 기회라며 전화가 길어지는 남편의 옆모습을 바라본다.

일본어 통역을 맡아 참치 치어와 소소한 물품 수입을 위한 일본과의 거래를 연결해주던 업주와 나누는 통화다. 한참 동안 이런저런 말들을 주고받던 그는 얼굴색이 환해지며 푸-하하 크게 웃기까지 한다.

“타케우치상한테 계약 체결하고 돈 보내라고 해라. 이번 일이 잘 이루어지면 너도 좋고 나도 좋다.”

며칠 전부터 잠까지 설치며 메모장을 앞에 두고 골똘히 셈을 하던 그가 운전하면서 연신 싱글벙글한다. 호방하게 웃는 저 모습을 언제 봤는지 모를 정도다. 서너 시간 쉬지 않고 운전하지만 마음이 즐겁기 때문인지 피곤한 줄 모르겠단다.

그는 참다랑어 사업이 투자와 정신적 대가에 비해 시장 규모와 수익이 빈약하다며 가끔 사업 의욕이 떨어진다고 털어놓곤 했다. 지난 7월에 자신과는 무관하게 다랑어 수백 마리가 하루아침에 떼죽음을 당하는 일이 생겼다. 이렇게 한동안 웃음을 잃었던 그의 기분이 마치 수소 가득한 풍선처럼 날아오르는 듯하다.

바다사업을 하는 그를 일평생 해바라기 해왔기에 눈빛만 봐도, 몇 마디 말만 들어도 상황이 어떻게 돌아가는지 알아챈다. 희망한 줌에 웃음까지 섞어 들려주는 이야기만으로도 가능성을 볼 수 있다. 하지만 불안감도 없지 않다. 일본사람들이 어떤 사람들인가. 치어 샘플도 안 보고 먼저 돈을 줄지 의문이다. 방어치어 확보를 위해 계획하는 일들이 순조롭게 진행될지도 미지수다. 바다는 어머니의 품속처럼 관대하고 넉넉하다지만 아이들 마음처럼 언제든 토라지기 일쑤이기에 말을 아낀다.

일본은 세계적으로 생선을 많이 먹는 나라다. 1인당 생선 소비량이 우리나라 다섯 배 이상이다. 그래서 생선 잡는 기술과 기르는 양식업도 세계 최고 기술력을 자랑한다. 그런 일본이 태풍의 영향인지, 수온과 오염수 때문인지 방어치어가 없다며 수입을 하겠단다.

일본 양식업자들이 선호하는 치어 사이즈는 500g에서 1kg미만이다. 바다 속 치어들이 어디 붕어빵틀에 찍은 것처럼, 자로 잰 듯이 잡혀주겠는가 만은 미리 선금을 받아서 운영한다면 손해 볼 일은 아니라는 생각이 들었다. 매년 가을 절기에 동해안과 제주 근해에서 많이 잡히는 치어를 사들여 한두 달 가두리에서 적응시켰다가 일본으로 보내주면 끝난다.

오래전 양식하던 고등어와 방어치어를 일본으로 수출한 적이 있었다. 수입업자들이 더 사가겠다며 손을 붙잡고 사정할 정도로 생선의 때깔과 맛을 인정받았다. 최고의 가격을 받고 수출했다. 그해 '올해의 수출탑' 수상으로 양식기술을 자랑했다. 그런 경험들이 있기에 자신감은 고조되었다. 어장을 관리하는 기술력은 물론 언제든 활어양식을 할 수 있는 어장과 그물, 먹이공급(사료)까지 다 갖춰 놓고 있다. 그들도 우리의 기술을 인정하였고 성실성을 믿기에 섭외가 들어왔는지도 모른다.

한쪽을 누르면 다른 쪽이 튀어나오는 풍선처럼, 만사 귀찮은 듯 의욕을 잃어가던 사람이 생각지도 않은 일 때문에 갑자기 눈빛이 달라졌다. 희망으로 표정이 상기되었다. 웃으니 보기 좋았다. 나중에 또 다른 즐거움이 몇 배가 되어 돌아올지, 실망의 늪이 되어 돌아올지 모르겠지만 웃으면서 일하는 것도 살아있다는 증거다. 내 웃음도 덩달아 그를 닮아간다.

'공짜 치즈는 쥐덫에만 놓여있다.'는 경제학자 밀턴 프리드먼의 경고를 애써 피하고 싶다. 이 모든 일이 한여름 밤의 꿈으로 끝나는 일이 될지언정 크게 웃을 수 있다면 나는 쥐덫이라도 마다하지 않을 것이다.

"웃으니 좋네요. 힘들고 복잡함 잠시 내려놓읍시다."

속초, 저녁노을을 받은 울산바위가 상서롭고 영험하게 보인다. 사시사철 변하지 않는 울산바위를 보며 새로운 도전에 웃을 수 있는 일들이 많기를 빌어본다.

수출 탑상을 받던 젊은 날처럼 얼굴까지 발그레해진다. 아직도 이 남자는 청춘으로 살아간다.

(26회 한국 해양문학상 최우수 작품)

2.

고래의 꿈

별 따라 가는 길

한밤중이다. 길 위를 달리는 바람 소리가 고요하다. 차창에 걸터앉은 하현이 길안내를 맡는다. 좀처럼 장거리 운전을 맡기지 않는 그가 피곤 때문인지 운전대를 내게 맡기고 잠을 청한다.

강원도 속초에서 아침을 먹고, 고성 거진항에서 중개인과 선주를 만나 어장이 있는 대진항에 도착할 수 있도록 시간을 맞춰야 하겠기에 마음이 급하다. 미리 약속하는 제조업과는 달리, 바다 일은 예측을 할 수 없기에 꼭두새벽 출발을 서둘렀다. 요즘 동해뿐 아니라 남해안에서도 방어치어를 조업했다는 연락이 오면 새벽 댓바람에 어장으로 나간다.

바다를 회유하던 방어치어는 잡는 즉시 바로 옮겨야 손실을 줄일 수 있다. 이틀 후면 바람 불고 날씨 궂을 것이라는 일기예보를 듣고 마음 바쁜 출발이었다. 오늘이 아니면 치어를 잡아줄 선주도, 선금을 건넨 우리도 손해를 볼 수밖에 없기에 강행군을 한다. 강원도에서 통영까지 무사히 치어를 이송할 수 있도록 조류 조건이 가장 좋은 시월 스무사흘 조금물때*에 맞춘다.

어둠을 안고 중앙고속도로를 달리다 휴게소에서 잠시 하늘을 봤다. 쌀쌀한 날씨 탓인지 시간이 멈춘 것처럼 그믐달과 잔별들이 쏟아질 듯 영롱하다. 잠에서 깬 그가 운전대를 잡았다. 백두대간 긴 산줄기를 따라 서울양양고속도로를 거쳐 동해고속도로를 달린다. 산골의 아침은 깊은 잠에서 더디게 깨어나고 있다.

서늘함이 비릿한 갯냄새와 합쳐 새날을 맞이한다. 멀리 해무를 뚫고 사금처럼 반짝거리는 양양 속초 바다 일출에 눈이 부신다. 여섯 시간을 달려온 서로에게 격려와 눈인사를 건넨다.

고성 거진항, 가벼운 식사 자리에서 중개인과 선주는 파도가 심하다며 작업을 미루잔다. 속 타는 것은 우리 쪽이다. 실랑이 끝에 선주가 어장으로 나가보자며 배를 타란다. 동해안 최북단에 설치한 정치망 어장이었다. 남해와는 달리 섬 하나 보이지 않는 동해 바다, 너울성 파도는 쳐다보는 것만으로도 식겁할 정도다. 무엇이든 잡지 않으면 몸을 지탱할 수 없었다.

통영에서 올라온 운반선이 천천히 어장 줄을 따라 도착했다. 높은 파도 때문에 치어를 옮기는 작업은 다른 때보다 시간이 걸렸다. 퍼내도 줄지 않은 수확물에 고단함을 잊는다. 수고와 노동의 대가를 즐겁게 셈하는 시간, 그때였다.

탕, 튕이잉!

어디선가 정체불명의 굉음 소리와 함께 무언가 휙 날아올랐다. 배 선미에 서 있다가 순간 머리를 감싸고 주저앉았다. 어장선과 운반선을 연결한 밧줄이 높은 파도를 이기지 못하고 중간이 터진 것이다. 모두의 시선이 나에게 쏠렸지만 다행히 다치지 않았다. 선박사고는 줄에 감겨 추락하거나 밧줄이 터지면서 다치는 경우가 다반사다.

"당신은 육지에 있을 건데 뭐 한다고 왔을꼬…."

하얗게 질린 나를 바라보던 남편은 놀란 가슴 쓸어내리며 말했다. 거센 바다를 예사로이 여기고 따라나선 것이 후회스러웠다. 몇 시간에 걸친 작업이 끝나고 운반선이 통영 욕지도 어장으로 출발했다. 이틀 밤낮으로 바다를 달리는 동안 무탈하기를….

거진항 선착장에 발을 딛자 땅이 파도를 탄다. 털썩 주저앉는다. 앙상한 나뭇가지가 키를 재는 산 능선과 파란 하늘이 온통 하얗게 빙빙 돈다. 작은 우주는 어지럽게 돌아가는데 빨리 움직여야 한다며 그가 겨드랑이를 붙잡아 걷는 것을 도와준다.

"강원도 큰 바다에서 불쾌하게 마신 낮술처럼 이런 기분도 괜찮네요."

견디기 어려운 멀미이지만 바다의 남자, 그의 아내답게 너스레를 떤다.

지난여름, 참다랑 어장에서 연구원들의 부주의로 수백 마리가 떼죽음을 당한 후, 당국으로부터 보상에 대한 답변을 받지 못하고 시름에 빠져있을 때, 일본 양식업체에서 방어치어를 사 가겠다는 연락을 받은 것이다. 기후변화 탓인지 작년부터 치어가 잡히지 않았다고 한다. 자주 만났던 동해 선주들에게 특별하게 부탁했다. 수출할 물량은 10월부터 11월까지 가을 절기를 놓치면 치어 확보가 어렵다. 수온이 15도 아래로 떨어지면 치어 생존율도 떨어진다. 서둘렀다. 누구보다 잘 할 수 있는 일이고, 일하면서 살아있음을 느낀다는 그는 수출 물량을 채우기 위해 꺼지지 않는 불잉걸을 지폈다. 바다는 하고자 하는 의도를 실현해 줄 것이고 갈 곳이 있는 배는 시동을 끄지 않는다는 것을 알았던 하루가 저물어 간다.

끝없이 펼쳐진 동해바다 수평선 위로 뉘엿뉘엿 오렌지빛 해가 지고 있다, 산그늘이 내리는 어스름 길을 달리던 그는 해가 진다며 서두른다.

별 보고 나왔다가 별 보고 돌아가는 서쪽 하늘에 개밥바라기별이 떴다.

*조금물 때: 음력 매달 8일과 23일은 조류가 거의 흐르지 않고 간만차가 적을 때.

(26회 한국 해양문학상 최우수 작품)

고래의 꿈

안개가 자욱이 낀 뱃길이 차츰 맑아진다. 파도는 알맞게 잔잔하고 물결이 고리를 이루며 둥글게 퍼져 나간다. 큰 고래 한 마리 파도를 타며 춤추는 것 같다.

서울에서 실무 팀들이 여럿 왔다. 초대형 유통업체 '이마트'의 수산식품부 소속인 그들은 전국 매장에서 6월 행사로 우리 참다랑어 부서를 만들겠다고 찾아왔다.

삼덕항 선착장에는 관계자들이 먼저 와있다. 한 달 전부터 약속했었고 의견수렴까지 끝냈는데도 뱃길 1시간 내내 서로 다른 의사가 있는지 문답하고 있다. 다랑어를 어떻게 관리하고, 어떤 방법으로 신선하게 옮길 것인지…. 확인하느라 분주하다.

산을 넘어 넓은 바다를 건너오는 바람까지 진초록으로 물드는 오월 아침, 하늘은 높고 바다는 망망하다. 작은 섬들은 또 얼마나 푸른가. 등 뒤로 따뜻한 바람이 불고 은빛 파도가 일렁거린다. 자연이 마련한 멋진 풍광들이 우리의 새로운 시도를 응원하며 합주를 하는 것 같다.

"자 떠나자~ 동해바다로~ 신화처럼 숨을 쉬는 고래 잡으러~." 몇 잔 마신 술에 흥쾌해진 목소리로 흥얼거리던 노랫말처럼 '삼등 삼등 완행열차 기차를 타고~' 목적지를 향한다. 늦었지만 목적지가 앞에 있다는 사실에 신이 난다. 물론 우리는 완행열차가 아닌 남실대는 파도를 헤치고 간다.

뱃전에 서서 잠시 생각에 잠긴다. 84일 간의 허탕에도 다음날 또 다시 그물을 챙겨 바다로 나간 『노인과 바다』의 산티아고처럼 그도 그렇게 묵묵히 바다로 나갔으므로…. 아니, 늙은 어부보다 더 오랜 시간 자신의 꿈을 이루기 위해 바다로 나갔다. 이제야 그가 꾼 꿈이 실체가 보이는 것 같아 뜨거운 감동이 밀려온다.

참다랑어 양식 십여 년 만에 대량판매 주문은 이번이 처음이다. 쉽게 열리지 않던 경계에서 불확실성을 안고 도전해온 그의 얼굴에도 회심의 미소가 옅게 번진다.

둥근 가두리 수십 개가 파도를 타고 있다. 언제든 작업할 수 있도록 준비 완료한 어장 식구들도 어느 때보다 비장하다. 오늘은 기존 거래처에 보낼 참다랑어 일곱 마리를 건져 올릴 것이다. 관계자들이 지켜보는 가운데서 작업이 시작된다.

"하루에 얼마나 잡을 수 있을까요?"

젊은 책임자는 꼼꼼하게 시간을 잰다. 다랑어를 잡아 올려 탈회하고, 내장 빼고 얼음물에 담그기까지 약 십여 분이 소요된다. 하루 7시간 작업으로 대략 서른다섯 마리 정도. 일주일 쉬지 않고 작업을 해야 전국매장에서 행사할 수 있는 숫자가 나온다. 관계자들은 날씨와 물때, 다랑어 상태를 하나하나 체크하며 기록해간다. 광고용으로 쓰기 위해 작업하는 과정도 세세히 촬영한다.

유통전문가인 그들은 고객들의 입맛이 점점 높아지고 있다며 만반의 준비를 한다. 소비자들의 만족도가 어떨지 궁금하다. 건강한 치어와 좋은 사료를 제공한 노력들이 헛되지 않기를 기대해본다.

전국 수백 군데 매장에서 진행될 이번 초여름 행사가 성황 속에 마무리되고, 젊은 날에 미래를 준비하며 설정했던 목표가 달성되기를 소원한다. 욕지도 참다랑어가 세계에서 가장 맛있다는 인정을 받기 바라는 것은 무리한 욕심일런가.

"소비자를 위한 접근법은 나에게도 매우 중요하다."

남편이 자주 힘주어 하는 말이다. 이 사업을 시작하고 목적지가 어딘지 확신 없던 시간이 가장 힘들었다. 그렇게 자신의 능력이 한계에 부딪힐 때마다 미래의 소비자를 떠올렸던 것이다. 작은 신을 신고 먼 길 떠난 것처럼 힘들었지만 이제는 목적지가 보이는 것 같다고 했더니, 실무진들도 엄지를 높이 세운다.

"이 어려운 참다랑어 양식사업을 누가 선뜻 하겠습니까."

상식을 뛰어넘는 생각의 전환이다. 수업료 엄청나게 들어간 개척이었지만 이제는 누구나 쉽게 따라할 수 있는 기술로 만들었다. 그동안 수고 많았다는 위로를 한다. 고맙다. 안개 너머 희미했던 길이 확실한 신작로로 드러나듯 우리의 먹거리는 미래에 있다고 말해왔던 그의 확신이, 그의 꿈이 드디어 완성되는 것 같아 뿌듯하다.

'도전과 용기가 미래의 희망이 된다.' 새롭게 시작하는 사업에는 분명 불안한 요소들이 있지만 출발해보지 않고는 목적달성의 짜릿한 반전은 있을 수 없고, 도전하지 않으면 희망이 있을 수 없다고 강조해 왔던 말이다.

젊은 시절 그때는, 도전과 용기가 인생을 어떻게 변화시킬지 아무도 가르쳐주지 않았다. 그저 몸으로 부딪치며 청춘을 바쳤다. 꿈을 포기하지 않고 묵묵히 앞만 보고 걸어온 그의 고집이 오늘에 와서야 짙푸르게 출렁거린다.

도전을 두려워하지 않는 백전노장의 머릿속에는 꿈을 품은 고래 한 마리 춤춘다.

(26회 한국 해양문학 최우수 작품)

생각은 현실이 된다

"어획쿼터 용량 때문에 체포중지라고 했어요? 우리는 내일모레 출발할 텐데…."

참다랑어치어를 잡아줄 선망선 선주한테서 온 연락이다. 출발 전에 무산될 조짐이 안개처럼 가려진다. 푸른 꿈을 꾸던 그는 허탈한 모습으로 한동안 앉았더니 어딘가로 바쁘게 전화를 한다. 사정인지, 의논인지 '양식용 체포를 이렇게 중단시키면 어떻게 하느냐?'는 목소리가 높아진다. 몇 분의 시간이 지나고, 해양 정책부서 직원과 약속했다며 다랑어치어 체포 계획을 건의해보겠다고 말한다.

"노력하다 안 되면 그만 두지 뭐. 그게 뭣이라고…."

자조적으로 내뱉는 말에 무심한 척했지만 불확실한 길을 고

집스럽게 걸어가는 안타까움이 연민으로 변한다. 지금 어떤 결정도 할 수 없기 때문인지 포기할 땐 하더라도 일단 가서 부딪쳐야겠다며 겉옷을 걸치고 나선다. 치어 체포가 안 되면 그동안 수차례 만났던 제주도 선망선단들과의 모든 약속을 취소시켜야 한다. 해수부의 결정이 크나큰 기준점이다. 오늘은 어떤 답을, 어떤 일들이 또 있을까.

봄비 그치고, 하늘과 바다가 구분 없다. 며칠 동안 뿌옇게 보이지 않은 길 위에서 파란 문이 열리기를 또 원하는 생각들이 현실이 되기를 기대한다. 우리 근해에서 자연산 치어를 잡는다면 일본서 수입하는 경비보다 훨씬 싸게 건강한 치어들을 구할 수 있다. 높은 부가가치도 확신하지만 불편한 규제가 수산인의 발목을 잡는다. 수년 전부터 해수부 주관 회의가 있을 때마다, 참다랑어 양식용 쿼터를 받게 해달라는 건의를 했지만 언제나 답은 한결같았다.

십여 년 전, 국체 사업이라는 명분으로 제주도와 욕지도 5군데 참다랑어 양식면허를 받았었다. 양식면허는 나왔지만 일본과 달리 해수부는 다랑어 양식용 쿼터를 따로 관리해주지 않았다. 따라서 양식용 다랑어치어를 잡는 제도가 있는 일본에서 치어를 전량 수입해야 했다. 제주와 동해 근해에서 치어자원을 구할 수 있다면, 우리가 구태여 비싼 치어 확보 비용과 사료공장으로 헐값으로 넘어가는 모순된 상황은 없을 것이다. 잔여 쿼터를 풀어주지 않는 나름의 이유가 있을 테지만 양식사업장의 반발심이 클 수밖에 없는 일이다.

세계적으로 멸종위기 종으로 분류되는 참다랑어는 어족 자원 보호를 위해 체포 쿼터 제안을 받는다. 지난 2월, 제주 마라도와 우도 주변에 몰려다니던 남방 참다랑어 떼들이 대형 선망선에 잡혀 부산 공동어시장에 3일 동안 수백 톤 위판 되었다. 그물로 잡힌 다랑어치어를 살아있는 채 양식 어민들에게 넘겨서 양식, 생산, 유통, 가공판매까지 하게 한다면 경제적으로 수십배의 부가가치를 올릴 수 있다. 어민과 양식사업장 모두에게 획기적인 일이지 않은가.

'전투' 며칠 지난 후, 제주 근해에 허용된 쿼터는 부산어시장에서 위판으로 끝났고 대신 동해 해역 쿼터라도 주겠다는 약속을 받았다고 한다. 조류 따라 먼 바다로 가기 전에 동해 정치망 선주들에게 연락하느라 그는 바쁘다.

몇 년 전, 해양수산부가 현물 및 기술지원을 하는 엘엔지(LNG)사업*의 하나로 한 업체가 동해 근해 치어를 잡아 남해로 이송하는 과정을 수행했으나 기술 부족 탓인지 실패했다. 원인은 아마도 북쪽으로 흘러가는 동해의 물 흐름이 제주 근해의 조류와 다른데서 찾아볼 수 있을 것이다. 그렇다면 제주 해역에서 잡히는 치어가 욕지도 남해 바다 양식용으로 적합하지 않겠는가. 암튼 치어쿼터를 받았다는 게 큰 희망이다.

참다랑어는 치어를 잡는 것도, 대형그물에 가두어 싣고 오는 과정도 결코 쉬운 일이 아니다. 한 번도 해보지 않은 작업이라서 불안의 요소는 다양하다. 여태껏 불편한 규제 때문에 실행하지 못했지만 누군가 도전하여 성공시키면 부가가치는 엄청날 수 있다. 치어 수입대체 효과는 어민들의 삶의 질 향상과 이익을 창출할 기회로 이어진다. 이게 바로 우리 수산업의 경쟁력이 되어줄 일이다.

바다를 보며 살아온 세월이 얼마인가. 시간의 힘으로 빚어온 공력을 믿는 사람이기에 그의 자신감은 남다르다. 어장 시설과 모든 준비가 되었기에 확신은 더 뚜렷하다. 불확실한 길이 확실한 길이 되어 두려움 없어질 때까지, 능력의 한계에 부딪칠 때마다 앞만 보고 달렸던 그는 이 순간이 끝이 아니라고 외친다.

스티브 잡스의 말처럼 '위대한 일을 해내는 유일한 방법은 당신이 하는 그 일을 사랑하는 것이다.' 남들이 가지 않은 길을 사랑해온 만큼 길 끝에는 막대한 보상이 기다리고 있으리라.

보름이 넘도록 고민하던 사람이 밤이슬처럼 후줄근한 모습으로 들어선다.

오늘도 내일도 참다랑어는 푸른 바다를 떼 지어 이동할 것이고, 불투명함 속에서도 희망의 파도 또한 출렁거릴 것이다.

"당신의 생각들이 현실이 될 것이라 믿어요."

숙명처럼 확고한 그에게 해무 걷힌 바다로 열리는 문은 파란색이라고 말한다.

*어획 쿼터: 어족자원보호를 위해 국가 간에 체결된 국제협약.

*엘엔지사업: 해양수산부에서 기술지원을 신청한 업체에 현물 및 기술지원을 하는 사업.

(26회 한국 해양문학상 최우수 작품)

참다랑어에 美親 남자

부산 공동어시장에서 다랑어를 대규모로 경매한다는 연락이 왔다. 만사 제쳐놓고 부산으로 달렸다. 바다의 무한자원들이 어판장 바닥에 줄지어 깔려있다. 살아있다면 천만 원도 넘는 200kg 되는 녀석부터 10~20kg 작은 다랑어까지, 천여 마리가 경매인들의 수신호로 크기 구분 없이 비슷한 값으로 낙찰되었다.

다음날, 그 다음날에도 수백 마리가 잡혔단다. 해류를 따라 유영하던 자원들이 헐값으로 팔려가는 게 안타까워 부산을 다녀온 뒷날부터 그는 바쁘게 움직인다.

봄볕이 창가에 내려와 해맑게 웃는 아침이다. 제주근해에서 조업하는 대형 선망선사 선주와 다랑어를 잡았을 때의 대응책, 안전하게 가두리에 가두어 이동할 수 있는 수송선과 인력의 확보 등등, 여러 분야 전문가들에게 오랫동안 전화를 붙들고 세세하게 설명하는 그의 옆에 한동안 우두커니 앉아 있었다.

"예 예, 알겠습니다. 3월 20일경 배를 띄울 것이고, 약 한 달 정도 제주 근해에 있을 겁니다. 성공하면 매년 연결하여 좋은 일이 되도록 해봅시다."

전화를 끝내고 한숨처럼 긴 호흡을 몰아쉬는 그의 모습을 보다 한마디 한다.

"저 고집을 누가 말릴까. 이젠 정말 지친다."

"당신이 말린다고 내가 안 할 것 같소?"

사기그릇 깨지듯 날카롭게 날아오는 말에는 하고자 하는 집념과 믿어주지 않는다는 짜증이 가득 섞여 있다. 평생 믿음으로 살아왔지만 불쑥 '이제 그만하자'는 뜻으로 지친다는 말을 뱉었으니…. 미안한 마음에 차 한 잔 마시자고 했더니 답이 없다.

"삐졌어요?"

"……."

"A-C, 참말로 미쳤나봐."

나이 탓인가? 화가 나고 갑자기 속이 부글거린다. 믿음의 중심이 흔들리는 것 같았다. 수십여 년을 해 왔던 것처럼 생글거리며 '당신을 믿고말고요.'라고 고개 끄덕거리며 맞장구쳐야 했는데, 미쳤다고 구시렁거리면서 방안으로 숨어버린 스스로에게 화가 난다. 시간 지나니 끓어오르던 화가 조금씩 사그라진다.

빼꼼 방문을 여니, 거실 가득 눈부신 햇살인데 그는 서늘한 기운을 켜켜이 껴입고 불편하게 앉아있다. 속엣말을 해볼 양으로 슬그머니 옆에 앉아 눈치를 본다.

"그 일은 넘 무모한 일이고 한 번도 안 해 본 일이라 걱정이지요."

"그만하소. 사십여 년 넘게 어장을 했는데 그만한 준비도 생각도 없는 사람이요?"

창으로 들어오는 볕살까지 밀어내는 날카롭고 냉랭한 말에 입을 닫고 말았다.

오래전, 통영시 주관으로 양식어업인들이 노르웨이 양식장을 견학한 적 있었다. 거대한 원형 가두리에 치어를 잡아 대서양 북해를 건너는 사람들을 보고 온 후, 남편은 충격이 큰 듯했다. 드넓고 깊은 바다 속으로 헤엄치는 생물들을 생생하게 견학한 후부터 불가능을 두려워하지 않고 도전하는 그의 꿈은 오매불망 참다랑어 양식이었다. 낯선 길이 녹록지 않았다. 두려움도 많지만 도전하지 않으면 평생 후회할 것 같다며 남이 가지 않은 험준한 길을 달리기 시작했다.

세계적인 먹거리는 바다가 큰 영향을 준다는 것을 오래전에 알고 있었다. 참다랑어는 상업적 양식이 어렵다고 했지만 이미 답은 정해져 있었다. 집념 앞에 무리수와 좌절, 후퇴라는 단어는 아예 생각조차 하지 않았다. 그렇게 우리나라에서 최초로 성공한 참다랑어 양식어업인이 되었다.

며칠 전, 국내시판과 중국시장까지 판매해보겠다며 대기업에서 찾아왔다. 앞으로 대량판매가 실현되면 공급과 수요의 셈법이 맞춰져야하기에 치어 확보는 최대 관건인 것이다. 해양수산부에서 양식용 쿼트도 받았으니 제주 근해에서 잡히는 치어들을 산 채로 이동할 방법을 연구하느라 잠을 설친다. 치어 구입이 지름길이라는 과정을 알면서도 부정적으로 건드려서인지 서로 엇박자의 말들이 오가고, 송곳에 찔린 듯 신경을 곤두세우면서 예민해졌던 것이다.

무엇이 그를 여기까지 오게 했을까? 바다에서 생업을 하던 선대들의 가난을 대물림하지 않겠다는 고집은 참다랑어 완전 양식에 무한 애정을 쏟았다. 그 결과는 대한민국 양식업의 선구적이었다. 수렵사회에서 농경사회로 전환했고, 물고기 조달방식을 '채집'에서 '양식'으로 바꾸는 대전환의 꿈. 그 가능성을 실현하는 그의 완강함을 보면서 슬그머니 목안으로 말을 삼킨다.

그동안 다랑어치어는 일본에서 전량 수입해왔다. 치어를 들여올 때는 항상 긴장의 연속이었다. 크기와 날씨, 시기와 물때를 맞추지 못하면 새로운 환경에서 적응하지 못하고 절반 폐사하기 때문이다. 최근 출하할 다랑어가 부족한 것도 2년간 치어를 넣지 못한 이유다. 작년 동짓달, 동해 죽변항까지 새벽바람을 안고 달렸던 것도 수입보다는 근해에서 잡히는 좋은 자원을 얻기 위해서였다. 그래서 급하게 서두르는 것이다.

'이건 내 운명'이라는 남자. 제주도에서 조업할 선주와 치어를 가둬서 끌고 올 배, 그물 준비와 수송할 준비를 도면으로 그리던 사람이 갑자기 고개를 들어 의미심장하게 "반대하고 싶으면 지금 반대하소." 한다. 며칠 전부터 깊은 고민에 빠져 잠까지 설치던 사람이 하지 말란다고 안 할 사람인가. 지금 그만둔다면 그간의 노력이 헛일이 될 것 같다는데 어찌 대립의 각을 세우겠는가.

인생의 최고 정점도 찍어봤고 더 욕심 부릴 게 없는데도 다랑어 양식사업에는 불잉걸을 지핀다. 할 일은 태산이고 목석지는 멀고멀지만 참다랑어에 미친 남자의 집념을 볼 때면, 파도처럼 흔들리던 마음은 사라지고 믿음으로 굳어진다.

(26회 한국 해양문학상 최우수 작품)

다랑어 떼죽음과 말 없는 바다

"큰일 났어요. 가두리 3칸에서 다랑어 수백 마리가 물 위에 뜹니다."

어장에서 다급한 전화가 왔다. 칠월 더위가 장작불 태우는 것처럼 뜨거운 주말 아침. 왜? 갑작스럽게 이런 일이…. 충격이다. 순간 땅이 꺼져 내리듯 눈앞이 아득하고 외마디 신음소리조차도 나오지 않는다. 남편은 어딘가로 급히 전화한다.

"당신들 어쩔 거야? 이건 자연재해가 아니고 당신들의 잘못 아닌가."

사람으로 인한 사고라는 것을 확신한 듯 화를 참지 못하고 목소리 높인다. 바다는 해류로 건강해진다는 것을, 해양을 연구한다는 박사(博士)들이 모르지는 않았을 텐데….

염천 땡볕아래, 지름 25m 대형 그물 속에는 장정 무게보다 더 큰 참다랑어 떼들이 죽어 가두리가 비좁다. 시청 수산과, 해양경찰 등등 여러 기관에서 어장으로 왔다. 누구의 잘못인 것을 다 아는 사실이지만 절차상 조사를 해야 한단다. 우선 시급한 것은 더운 날씨에 금방 부패하는 다랑어들을 치우기다. 환경오염을 시킬 수 있기에 아무 곳에 버릴 수 없다. 폐기물처리 공장도 여수 어딘가에 있다고 했다. 시 수산과의 도움으로 폐기물 수송하는 배가 도착하고 폐기시키는 비용만도 몇 백 만 원이 들었다.

작년여름 참다랑어치어 배양연구를 위해 몇 년 전부터 유럽 남방 쪽으로 출장을 가던 연구원들이 산란기에 맞춰 통영으로 왔다. 참다랑어 배양사업은 다른 어종들보다 몇 배로 힘들다는 것을 알기에 다랑어 양식산업의 발전을 위해 연구소의 요청을 받아들였다. 자리 제공을 했지만 한 달 넘게 다랑어 수정란 채집은 성공하지 못했다. 지난해 이어 올해 또 그들이 왔다.

해양과학에 조금이라도 보탬이 되는 일이라면 연구 활동에 협조하는 것이 당연하다고 생각했다. 국가기관 연구원이기에 믿음도 있었다. 아무조건 없이 양식 현장을 제공한 것이 우리의 큰 실수였고, 사고가 났을 때를 대비하지 않았다는 게 잘못이었다.

참다랑어는 몸집이 크고 주변 환경에 민감하다. 생태학적 특징을 가진 어종이기에 다루기가 조심스럽다. 작년에는 다랑어가 적게 들어있는 가두리를 선택하여 조류가 흐르는 한 방향으로 수정란이 빠져 나가지 않게 네트(물거즈: 그물코가 매우 작은 거즈 형태의 그물)를 쳤다. 연구원들에게 성과가 없었지만 우리 어장에도 별다른 피해도 없었다. 연구원들은 해본 경험이 있어서인지, 올해는 좋은 결과를 만들어 볼 욕심으로 작년과 달리 몸집이 큰 다랑어를 중심으로 다랑어 개체 수가 많은 가두리 3개를 선택했다. 3~400마리씩 들어있는 대형 가두리 그물 밖으로 다랑어 알이 빠져나가지 못하게 촘촘한 네트를 수심 3m 밑으로 빙 둘렀다. 며칠 후, 네트를 설치한 가두리에서 다랑어 수백 마리가 죽어 떠올랐다.

사고의 원인은 해류의 흐름 때문이다. 쉽게 말하면 우리네 집 창문이 열려있을 때와 방충망이 가려져 있을 때 들어오는 바람 세기가 다르듯이 해류의 흐름이 턱없이 약해져 버렸다. 몸집 큰 다랑어 떼들이 활동면적이 줄어들었고 해류가 약해지면서 산소공급에 악영향을 주었다. 드넓은 태평양을 헤집고 다니는 활동량이 많은 다랑어들이 빙 둘려 설치한 네트 탓에 어이없게 산소결핍으로 떼죽음을 당했다.

이틀, 사흘, 일주일….

힘겹게 마무리를 했지만 충격을 받아서 그런지 살아남은 참다랑어들도 계속 죽어가고 있다. 자연재해라면 어쩌겠는가. 감내하고 받아들이겠지만 인위적 실수로 생긴 사고이기에 버틸

힘을 잃었다.

연구원들도 피해본 다랑어의 값이 엄청나다는 것을, 또 작년과 다르게 미련한 욕심을 부렸다는 것을 알고 있었다. 피해 규모가 너무 커서인지, 배상해 줄 능력이 없어선지 '미안하다'는 말만 했다. 그들도 갑작스럽게 생긴 일이라 황당하겠지만, 서로의 잘잘못을 따지기 전에 해결 방안이 없다. 암울한 시간 속에 갇혔다.

물빛이 푸르다 못해 검푸른 팔월이 지나간다. 어장에 사고가 난 지 오십여 일이 지나가는데도 자연을 역행한 사람들은 말이 없다. 비상식적인 행동을, 잘못을 그냥 넘길 일이 아니라며 서류를 만들어 내용증명을 송부했다. 하지만 지금까지 모르쇠로 가고 있다. 정확한 원인 규명이 있는데도 책임 회피하는 그들에게 법적인 제재를 받을 수 있도록 준비 중이다.

수십여 년을 도전과 실패로 우리나라에서 처음으로 성공한 참다랑어 양식, 미래의 부가가치를 올리는 희망 하나로 살아온 어민에게 큰 피해를 준 연구원들. 그들에게 합당한 책임을 물어야 하겠기에 법에 호소하기로 했다. 하지만 바다만 바라보고 살아 온 우리는 국가기관 공무원들을 상대로 항의할 힘이 약하다. 법무팀이 있는 대기업도 아니고 개인 업체의 약함을 알기에 서로가 다치지 않는 쪽으로 풀어가는 게 좋을 텐데. 손바닥으로 하늘을 가리는 무심한 사람들 때문에 피해를 봤지만 합당한 절차와 해결 방법이 없어 너무 허망스럽다.

바다는 오늘도 말이 없다. 후덥지근한 갯바람에 풀잎 시들어지듯 남편은 말을 잃어버리고 밤잠을 설친다. 무거운 마음으로 하루하루 보내고 한 달이 넘도록 안타까움은 매일 밤바다가 된다. 절망에 빠진 그도 바다가 되어 시퍼렇게 출렁거린다.

(26회 한국 해양문학상 최우수 작품)

시련이 있을지라도

참다랑어를 판매하고 싶다며 서울 모 백화점에서 연락이 왔다. 청정바다 푸른 물빛을 머금고 미끄러지듯이 헤엄치는 다랑어에 매료된 백화점 관계자들은 식객들의 입맛을 사로잡기에 부족함이 없다며 칭찬 일색이었다.

통영 욕지도 다랑어를 대대적으로 홍보해 주겠다며 실무진이 어장을 방문했다. 수년간 100kg이 넘도록 키웠지만 전혀 예측할 수 없었던 코로나19로 인하여 판매 부진에 갇힌 우리에게 큰 희망을 주었다.

1차로 참다랑어 두 마리가 대형박스에 담겨 백화점으로 향했다. 참치 전문점에서나 맛볼 수 있던 생다랑어를 우리 식탁에서 만날 수 있게 되었다. 오랜 정성으로 몸집을 키웠고 이미 기대 이상으로 좋은 평을 받고 있다. 하지만 백화점 판매는 처음 있는 일이고 이제 시작이었다. 서울시민들의 반응이 궁금해졌다.

욕지도 다랑어가 백화점 참치 코너에서 선보이던 날. 바다로 헤엄쳐 갈 태세로 지느러미 세우고 온전한 자태를 뽐내고 섰다. 무심히 지나가던 손님들이 신기한 듯이 한 사람 두 사람 걸음 멈추었다. 통영 바다의 깊이와 넓이를 재기라도 하듯 손가락을 벌려 참다랑어 여기저기에다 장뼘을 재보고 있다.

'통영 바다에서 자란 참다랑어'

광고를 대대적으로 할 것이라고 백화점 측과 대기업 참치 부서에서 약속했다. 하지만 눈에 잘 보이지 않은 작은 입간판 모서리에 세워놓았을 뿐이다. 우리 참다랑어는 이틀 만에 완판될 정도로 맛은 인정받았다고 한다. 그러나 시작할 때의 목적이 사라졌다. 우리 참치가 대기업 상표로 둔갑 판매됐다. 우리 상호도 통영도 모두 빠지고 없었다. 다랑어 유통의 장을 넓히는 소중한 경험이었지만 실망스러움은 숨겨지지 않았다. 백화점으로 들어간 다랑어는 그 맛과 영양을 증명했고 성공했다지만 우리 '문참다랑어' 상표로 팔리지 못했다. 힘없는 업체의 비애였다.

남편은 바다를 한참 내려다보고 섰다. 수십여 년 버티며 성공이라는 목적지까지 도달했지만 아직 갈 길이 멀어 보인다. 통영바다에서 성공한 최고의 수산물이라고 자랑했던 참다랑어,

잘 키워놓고 유통 단계에서 대기업들의 장난을 지켜볼 수밖에 없다. 무에서 유를 일구어왔던 그동안의 시간들이 주는 대답은 사람을 참 힘들게 한다.

확신에 찬 평소 그의 모습은 간데없고 처진 어깨에 힘이 없다. 최선을 다해 걸어온 길에서 가야할 목적을 잃어버린 것 같다. 초창기 양식을 시작할 때 결사반대하지 않았던 순한 마음이 오늘은 짐이다. 어떤 말도 그에게 위로될 수 없기에 조용하게 기다린다. 남들이 알지 못하는 정신적, 물질적 양면성이 있기에 열심히 일하고 투자한 만큼 소득도 비례하기를 바랐다. 말로는 얼마든지 포기할 것처럼 말하지만 속마음은 그렇지 않았다. 노력에 형편없는 결과의 실망감은 이배수나.

"이럴 때 사람이 팍 늙는다."

한숨처럼 한마디 던지고 방으로 들어간다. 시간 지나 들어가보니 웅크리고 잠이 들었다. 한숨 자고 나면 기분이 맑아지겠지. 속앓이 하던 복잡함 접어놓고 고민하던 오늘이 저물면 변함없이 내일이 찾아올 것이다. 언제 가슴앓이 했냐며 툴툴 털고 일어나 어장으로 나갈 사람이다. 행운의 여신은 앉아서 기다리는 사람에게는 찾아오지 않는다는 것을 누구보다 잘 알고 있는 사람이니까.

'잘 될 거야. 앞으로 맨 날 웃는 날만 있을 거야.'라는 무책임한 위로도 오늘은 부도난 공수표처럼 머쓱하다. 대기업보다 우월한 실력을 갖추려면 더 일찍 출발선에서 준비할 것이고 또 다른 내일을 위해 신발 끈을 조여 매고 직선으로 달려갈 테지. 끝까지 가볼 수밖에 없는 길 위에서 웃을 때도 있고 힘이 빠져 넘어질 때도 있겠지만, 희망이 있기에 앞만 바라보고 또 달려갈 것이다. 잘 될 것이라는 확신이 없었다면 최선을 다해 지금껏 달려오지도 출발하지도 않았을 테니까.

청춘을 바쳐온 바다, '시련은 있을지라도 실패는 없다.' 그가 늘 말해 왔듯이 스스로 택한 길이니 힘을 내어 달려가겠지. 최선을 다해 달려가는 사람은 실패도 성공으로 바꿀 수 있다고 하지 않던가. 바다를 보며 상반된 시간 속에 갇혔던 밤이 깨어난다. 주전자 물이 끓는다. 따끈한 차 한 잔으로 또 한 번 힘내 보자고 말해주련다.

(26회 한국 해양문학상 최우수 작품)

그곳에 있을게

자유로운 여행 얼마만인가. 남편의 상기된 표정이 짓궂어 보인다. 때마침 라디오에서 올드 팝송이 흘러나온다. 노랫말이 시처럼 아름다운 곡을 따라 흥얼거리며 '당신이 가는 그곳에 내가 있을게'라고 했더니 지금도 충분하단다. 무슨 생각을 하는지 홍조를 띠고 장난기 가득한 스물여섯 청년의 얼굴이 스친다. 싱글거리는 그를 바라보며 따라 웃는다. 분명 웃음의 의미는 각각 다를 수 있겠지만, 한 곳을 바라보는 순한 눈빛은 사랑보다 연민이리라.

운전대를 잡고 부산으로 달리는 그의 손을 슬며시 잡았다. 참 따뜻하다.

사십오 년 전, 그때도 손이 따뜻했는지 기억에 없다. 가난을 대물림하지 않기 위해 살아야하는 목적이 뚜렷한 남자 곁에 그냥 있었다. 모든 것들이 서툴렀지만 앞만 바라보고 최선을 다했다. 젊은 날의 그 순정한 시간들이 봄날 아지랑이처럼 피어올라 눈가에 주름 한 줄 또 포개놓고 사라진다.

스물대여섯 살의 푸릇한 청춘들은 결혼이라는 인연으로 뿌리 깊은 나무가 되었다.

1월 5일, 통영에서 결혼식을 마치고 부산으로 내달렸다. 한 번도 기차를 타보지 않았다는 신랑을 위해 수원 민속촌으로 2박 3일 신혼여행 계획을 세웠다. 부산에서 일박하고 수원행 기차를 타기로 했다. 그의 친구가 잡아준 호텔, 첫날밤의 사건은 평생 잊지 못할 서투름이었고 수십여 년이 지난 지금껏 웃게 하는 추억이 되었다.

호텔 침대 위에는 이불이 없었다. 결혼식의 피로가 겹쳐 으슬으슬 춥다며 이불만 찾던 신부는 옷이란 옷은 다 꺼내 껴입었다. 이불은 침대시트 위에 잘 접혀 끼워져 있다는 사실을 아침에서야 알았다. 스물여섯 신랑이 꿈꾸었던 황홀한 첫날밤은 그렇게 서툴렀고 추웠던 그날 밤처럼 결혼 생활은 수시로 스산하기까지 했다.

신혼여행과는 달리 한껏 여유로워진 구혼여행.

'45주년 결혼기념일을 축하합니다. 좋은 시간 보내세요.'

큰아들, 며느리가 축하한다며 기장에 있는 H호텔 예약해두었으니 잘 다녀오라는 메시지를 보냈다. 말로만 듣던 그곳에

갈 기회를, 자식들의 성의를 고맙게 생각하며 잠시 참다랑어 어장의 복잡한 일들을 뒤로하고 여행길에 섰던 것이다.

동해 바닷가가 한눈에 보이는 전망 좋은 방, 신혼 첫날밤에 못해 본 룸서비스로 음식을 시키고 집에서 챙겨간 와인으로 텔레비전에서 본 연인들처럼 분위기에 취한다.

"우리 언제 이렇게 짜글짜글 늙어버렸을까요?"

"아들들이 불혹의 나이고 손주들이 다섯인데 어찌 우리가 안 늙것소."

"그렇지요. 그동안 열심히 잘 살았지요?"

두어 잔 마신 술에 푸념 섞어 쏟아내는 말이 안쓰러운지 손 잡아주며 한마디 거든다. '남이 꿈꾸지 않는 꿈을 꾸면서 마음 졸이고 살았지만, 이렇게 좋은 시간을 보낼 수 있는 것도 열심히 살아온 덕분….'이란다. 여유롭게 시간을 보낼 수 있는 지금 복 받았다고 생각하라는 말에 탁구공 받아치듯 재빠르게 답을 한다.

"어머니께서 내 복은 얼기미*로 쳐도 안 빠져간다고 했지요. 생금장*이지요."

풋-후후 이곳에 있는 것도 내 복이라며 너스레를 떤다. 네가 있어 내가 편안하다고 느끼는 나이가 되면서 얼굴가죽도 두꺼워지고 웃음소리까지 커져있다. 여행으로 시간과 추억을 이동시키는 밤이다.

당신이 넘어질 때 곁에서 잡아주고 아침을 함께하고 밤을 함께 지낼 곳에 내가 있을게요. 당신이 기댈 친구가 되고 삶의 변화가 있을 때 언제나 내가 있다는 것을 잊지 마세요. 당신이 가는 그곳에 내가 있을게요.(Let me be there)

구혼여행을 축하하듯 라디오에서 흘러나오던 노랫말처럼 우리는 그림자처럼 곁을 내어주며 살았다. 물론 사람이 모여 사는 세상이라 상처받고 뒤죽박죽 흔들리는 외로운 시간들도 있었지만 절망보다 믿음으로 다독거렸다. 불확실한 바다를 바라보며 끝이 어딘지 모르는 고단한 길을 걷고 또 걸을 때, 그의 곁에 내가 있었고 내 곁에 그가 있었다. 결혼은 서로에게 쉽게 벗어날 수 없는 구속이었지만 고된 흔적의 시간들을 지우는 지우개도 되어주었다. 세월은 그렇게 돌아가고 과거는 따지지 않아야 편하다는 것을, 또 말은 없어도 눈빛으로 타협하는 나이가 되고서야 알았다.

젊은 시절에는 자신을 포기하고 상대를 배려할 줄 몰랐다. '넌 나이 듦을 이해할 수 없잖아.' 나이 듦에 관하여 생각하지 않았다. 할아버지 할머니로 살아보지도 않았던 시간 속에서 마냥 청춘일 줄 알았다. 그런데 영원할 것만 같은 시간들이 바람처럼 훅 지나가버렸다. 웃을 여유도 없이 직선으로 달려온 길을 잠시 멈추고 뒤돌아보니 시간은 저만큼 달아나버려 잡을 수가 없다. 얼마나 함께할지 모르겠지만 아쉬움 없는 시간으로 채워보리라.

"남편으로서 아버지로서 수고했어요."

"당신도 돈키호테 같은 내 옆에서 잘 견뎌줘서 고맙소."

서로에게 응원하고 칭찬하는 밤이 깊어간다. 그 숱한 지난 일들이 거울 속처럼 그리워지는 밤, 마음의 풍요가 파도처럼 밀려와 쉼표 하나 찍는다. 그와 나, 시간이 멈춰지는 날까지 손 뻗으면 닿는 그곳에 있을 것이다.

*얼기미: 가루를 곱게 치거나 거르는 데 쓰는 도구(체).

*생금장: 목은 발션하는 사의 것이라는 옛말.

누굴 위해 종을 울리나

'잔잔한 바다에서는 실력 좋은 뱃사공이 만들어지지 않는다.'

영국 속담이다.

우리나라는 삼면이 바다라서 약 20여 만 명이 바다에 기대어 살아간다. 밤낮이 다른 바다를 생업으로 지키며 살아온 어민들은 하늘의 구름과 바람 냄새로 해류를 진단할 줄 아는, 지식이 아닌 지혜가 돌탑처럼 쌓여 있다.

바다를 터전으로 사는 수십만 수산업 종사자들이 요즘 일본 후쿠시마 오염수 방류와 관련하여 몸살을 앓는다. 바다를 잘 아는 것처럼 전문적 행세를 하는 몇몇 집단의 움직임 때문에 속앓이는 어민들 몫이다. 기름 값이며 부재료 물가는 뛰는데 턱없이 내려간 생선 값은 끝이 안 보인다. 고육지책으로 사료 값이며 인건비도 안 되는 '수산물 반값 세일'을 하고 있는 실증이다.

한국원자력 안전기술원에서 2011년 후쿠시마 원전 사고 이후 해양방사능 측정을 했지만 농도에 변화가 없다고 했다. 몇 년 전부터 런던협약 등을 통해 해양방류 계획이 잡혀있던 일이다. 국제원자력기구(IAEA)에서 세계 11개국의 전문가가 참여하였고, 물론 한국과 중국의 전문가들도 참여했던 걸로 알고 있다. 정통한 기관과 연합하여 시뮬레이션한 결과를 발표한 자료를 보면, '후쿠시마 오염수를 방류하면 해류를 따라 태평양으로 나갔다가 한 바퀴 돌아 우리 근해에 오는 몇 년 뒤에는 트리튬 농도는 희석되어 미미해진다.'는 보고서도 있다. 즉 해류의 흐름상 일본 오염처리수는 태평양 먼 바다를 돌아오기 때문에 해양생태와 우리 수산업에 피해는 없을 것이라는 이야기다.

우리 바다에서 검출되는 오염수 수치를 따지는 것 자체가 무의미할 정도라는데도 수산물을 먹으면 금방 탈이 나 병원에 실려 갈 것처럼 거리로 나서는 사람들로 인한 공포, 그 불안감으로 어민들은 힘을 잃는다. 당장 피해볼 수 있는 태평양 건너 해협보다도 목소리 높이는 사람들은 누굴 위해 종을 울리는 것인지. 인당수에 심청이 밀어 넣듯 어민들의 희생을 강요하는 것은 아닌지 묻고 싶다.

'어민은 국민이 아닙니까? 같이 좀 살아갑시다.'

메아리 없는 소릴 지른다. 갯가에서 생선잡고 키우는 어민들을 걱정한답시고 거리로 나선 인사들 때문에, 수십만 어업종사자들은 오히려 힘들어지고 줄도산이 이어질 판이다. 같이 살자는 말인지, 아님 같이 죽자는 말인지, 어느 한쪽만의 말이 아니길 바란다. 어민들의 이야기에 귀 기울인다면 분명 해결점이 있을 텐데도 무조건적으로 목소리만 높이는 분들의 생각은 어떤 것인지 궁금하기까지 하다.

십여 년 전에 광우병 사건도 그랬다. 유모차에 태운 아이들까지 앞세워 나라를 어수선하게 몰아가던 그때, 소자본으로 시작한 가게들이 문을 닫아야했다. 축산업자들과 식당, 손해를 지금껏 누구도 책임지는 사람 없었다. 어디 광우병뿐인가. 성주 참외 사건도 애먼 농부들만 힘들었다. 그때처럼 수산물을 판매하는 시장이며 횟집까지, 심지어 우리 다랑어가게도 지난달부터 영향이 있다. 나비효과처럼 말 한마디 한마디가 부풀어져 공중부양이다. 그 다음에 나타나는 경제적 손실은 누가 책임질 것인지. 안심하고 먹을 수 있는 먹거리 생산에 가공과 수출까지, 부가가치를 높여갈 준비를 위해 협조는 못할망정 바다를 잘 모르면서 괴담을 쏟아내는 그들은 무엇을 얻기 위해, 누굴 위해 요란스럽게 종을 치고 있는 것일까. 어민들의 생존을 누가 책임져줄 것인지 따져 묻고 싶어진다.

지금껏 바다만 보고 살아 온 어민들이 바닷물의 흐름을 모르겠는가. 하늘에 구름과 불어오는 바람세기로 바다의 성질을 다 안다고는 할 수 없지만 '일본 오염수는 일본 동북부에서 출발하여 쿠루시오 해류를 타고 북태평양을 흘러 미주 대륙을 향하다가 다시 남쪽으로 내려와 적도 서쪽으로 이동한다.'고 했다. 큰 이변이 없는 한 이동방향을 대부분 가늠하는 지혜가 있다.

기후변화로 해류 따라 이동하는 물고기 떼들이 많다. 살아 움직이는 물고기들이 어딘들 못가겠는가. 하지만 일본해류와 우리 바다 해류는 분명 흐름이 다르다고 했다. 해류 전문가들은 삼중수소가 체내에 들어오더라도 10일 정도면 배출되기 때문에 크게 걱정하지 않아도 된다고 했다. 그런 정보를 국민들과 공유하여 우리 수산물에 대한 오염수의 방류 영향 유무를 명확하게 제시하여 괴담을 종식시켜야 할 것이다.

오래전부터 일본의 수산물 취급은 우리보다 훨씬 까다롭다. 바다가 되었든 공기가 되었든 세계인들의 삶터인 바다를 오염시키는 일은 일본도 하지 않을 것이라 믿는다. 우리보다 훨씬 깐깐한 그네들도 그 바다에서 나오는 먹거리를 자기네 가족들 식탁 위에 올리고 있지 않은가. 일본의 오염처리수 때문에 수산물 피해가 도미노 현상처럼 무너지고 있으니 걱정할 수밖에 없는 현실이 씁쓸하다.

선대에서부터 어부로 살았고 바다에서 얻은 지혜가 소중한 자산이라는 걸 수십만 어민들은 잘 알고 있다. 이 위기가 어려운 숙제라 할지라도 어민들은 잘 견뎌나갈 것이고, 정부는 명쾌한 답으로 풀어나갈 것이라 믿어 보기로 한다.

다랑어 이삿날

TV화면 가득 '바다의 귀족 참다랑어 이삿날'이라는 표제가 뜬다. 카메라는 출렁거리는 청보라 물빛을 따라 길게 늘어선 둥근 가두리를 보여준다.

'우리 통영바다에서 최초로 성공한 참다랑어 양식. 남획 규제를 뛰어넘어 은빛 꿈을 꾸는 욕지도….' 박진감 있는 진행이 귀에 쏙쏙 들어온다.

통영 삼덕항 선착장에서 전국 참치 전문식당으로 배송작업이 한창이다. 하루 전에 잡아 얼음물에 채워진 다랑어 박스가 대기 중인 용달차에 실려 각지로 떠난다. 박스마다 100kg이 넘으니 하선과 상차는 중장비가 맡았다. 직원들은 숨 돌릴 틈도 없이 타고 왔던 배에 부산에서 온 사료를 옮겨 싣고 욕지도로 돌아간다. 선상에서 통영김밥으로 아침을 때웠지만 얼굴에선

기운이 넘친다.

전 세계 참치 어획량 중 1%도 되지 않는다는 참다랑어, 국내에서는 수온이 낮아 불가능하다고 알려졌던 다랑어 양식이 동한해류*가 흐르는 욕지도 앞바다에 터를 잡았다. 파도를 타는 스물네 개의 둥근 가두리는 크고 작은 다랑어 4천여 마리가 살고 있다. 사료 운반, 먹이 주기, 포획하여 얼음물에 채우는 과정까지…. 고되고 바쁜 작업이 계속되지만, 서녘 하늘이 붉게 물들고서야 내일을 기대하며 일손을 놓는다.

참다랑어 이사하는 날.

일 년에 한 번, 날씨 좋고 파도가 드세지 않은 날을 잡아 다랑어는 새집으로 이사를 한다. 지름은 25m이고 둘레 90m 가두리에 삼백여 마리씩 20m 수심 깊이에서 살고 있다. 거대한 무게의 그물을 들어올리기 위해 크레인이 있는 3척의 배가 조심스럽게 움직인다.

헌 그물을 끌어내고 새 그물을 교체하는 수중 작업은 장비, 기술, 시간과의 전투다. 어망갈이 교체시기를 놓치면 무거워진 가두리 전체가 물밑으로 내려가는 불상사가 생길 수 있다. 그물에 가득 붙은 해조류나 따개비 같은 이물질 때문에 가두리 무게가 어마어마해지기 때문이다.

가두리 청소하는 날은 긴장의 연속이다. 사고가 생기지 않도록 만반의 준비를 해야 한다. 자칫 무거운 그물이 찢어지면 다

자란 다랑어를 유실할 수 있기에 어망갈이는 어장에서 가장 어려운 숙제이고 고난도의 기술이 필요하다. 장비를 갖춘 노련한 다이버들이 그물 안과 밖에서 신속하게 작업한다.

헌 그물과 새 그물의 짜깁기가 완성되면 새 그물 안으로 다랑어를 이동시킨다. 방심하는 순간 큰 손실이 생길 수도 있기 때문에 숙련된 기술자라도 긴장을 늦출 수 없다. 충분한 인력과 만반의 준비를 하여도 몸을 다칠 수 있는 위험한 일이기에 어망갈이는 하루에 한두 개 밖에 못한다. 일 년간 홍합과 따개비, 녹조식물인 바닷말이 자란 헌 그물은 물밑에 오래 가라앉혔다가 가벼워지면 끌어올려 손질하여 재사용한다.

새집에 이사한 다랑어 떼들이 사료를 던지자 은빛 뱃살을 드러내고 수면 위로 물보라를 일으킨다. 활기차게 뛰어 오르는 다랑어 떼의 숨바꼭질이 한동안 이어지다 깊은 곳으로 사라진다.

이 모든 과정을 EBS '극한직업' 다큐 프로그램 촬영팀이 카메라에 담았다. 마파람을 맞으며 습한 갯일은 처음 해봤다는 어린 촬영기사, 무거운 카메라를 들고 따라다니던 어설픈 몸짓이 어느새 프로다움으로 변해 치열함이 돋보인다. 그들의 열정 어린 눈빛에서 현장 체험과 기록의 보람 그리고 삶의 진한 공감을 느낄 수 있었다.

방영이 끝나고 다랑어 이삿날은 막을 내렸다. 늦은 시간까지 TV를 지켜본 집안 어른들과 지인들에게서 전화가 쏟아졌다.

"동숭아! 방금 아재야 봤다 아이가. 다랭이 키운다는 소리는 들었지만 참말로 대단하데이. 보니께 갱물만 묵고 자라는 기 아이고 아재 땀과 애터짐으로 자란기데. 맨날천날 돈도 억수로 들어가것고 참말로 욕 봤데이. 내사 마 동숭 고생한 거 보니 오금이 저려 못 보것더라. 눈물이 나서 막 울었다 아이가."

뜨거운 칭찬과 놀라움의 격려가 너무도 정겹고 살갑다. 핏줄의 인연, 살면서 맺은 인연들이 고맙고 고맙다.

바다를 바라보며 도전하는 용기와 희망에 대한 신념이 있다 한들 자연이 허락하지 않는다면 오늘이 있겠는가. 비 내리는 회색빛 하늘처럼 암울하고 버겁던 시간들이 둥근 가두리에서 펄펄 살아 헤엄치며 보상을 해주고 있다. 아직 갈 길은 멀지만 통영 청정바다에서 대량생산한 참다랑어가 우리 식탁 위에 차려질 날이 머지않았다.

사십여 년 바다를 짝사랑한 일들을 일주일 만에 영상 속에 담아내는 것은 무리지만, 남편이 만들어내는 실전 드라마는 계속 이어질 것이다.

*동한해류: 우리나라의 남동해안을 따라 북상하는 따뜻한 해류.

달빛 낚기

오래 묵은 물건을 정리하던 날이다. 빛바랜 앨범 속에서 맘보바지가 잘 어울리는 청년이 환하게 웃고 있다. 그 청년이 일손을 놓게 한다. 곰팡내 풍기는 낡은 흑백사진첩을 뒤적인다. 꼼꼼하게 정리된 사진들과 함께 잉크로 눌려 쓴 편지 다섯 통이 나온다. 누른 봉투에 써진 글씨체가 눈에 익다.

수취인 경남 통영군 산양읍… 문○○
발신인 경남 의령군 가례면… 박○○

통영군과 충무시가 합평하여 지금은 통영시가 되었지만 당시는 충무라고 불렀다. 이모가 살던 충무는 또래의 이종오빠와 여동생이 있어 방학 때나 주말에 자주 놀러 다녔다. 스무 살이던 초가을이었다. 토요일 오후, 군데에서 휴가 나온 오빠는 밤낚시를 가자고 했다. 오빠 여자 친구와 셋이 바닷가를 향했다.

황색맘보바지가 잘 어울리고 눈이 부리부리한 오빠 친구라는 청년은 작은 배를 준비해놓고 우리를 기다리고 있었다.

그날 밤 유독 달이 둥글고 밝았다. 보름달을 잔등에 올려놓고 노를 젓는 청년 몸짓 뒤로 부서져 나가는 달빛이 아름다웠다. 물비늘이 하얗게 일어나는 바닷물은 무서웠지만 나도 모르게 '라노비아' 번안곡을 흥얼거리고 있었다. 영화 속 주인공이 된 듯 몽환적인 기분이었다. 밤낚시라는 핑계로 급조된 처녀총각들 뱃놀이는 무언의 인연이 되어 파도처럼 출렁거렸다.

달 밝은 밤에 노를 젓던 청년!

추억을 만들어 준 청년은 그 후 두어 번 이모 집에서 우연히 만났지만 눈인사로 지나쳤다. 그렇게 몇 년 동안 시산 밖에서 무디어졌던 사람이었다. 어떤 계기가 있었는지 뚜렷한 기억은 없지만 청년은 편지의 수신인이 되어있었다.

색색의 꽃들이 피는 봄날이면 밤을 새는 젊음이 있었고 가슴 차오르는 열정으로 몸살을 앓았다. 바람 불고 낙엽 흩어지는 가을밤이면 비밀이 많아지고 그리움은 푸른색 하늘로 짙게 물들었다. 무시로 울컥거리는 불덩이를 풀어낼 곳이 없어 일기처럼 편지를 썼을 것이다.

산골 시간은 더디고 한가하고 무료했다. 국어 선생이 되고 싶었던 감성으로 산과 들에서 본 느낌이나 책에서 읽었던 아름다운 문장들을 적었다. 풀꽃처럼 피어나는 내 순수를 누군가에게 전하고 싶었다. 그 청년이라면 소소한 일상들을 받아줄 것 같았을까?

아까시꽃들이 하얗게 핀 여름 풍경들이 고스란히 담겨있는 다섯 통의 편지는 고향 의령에서 한 달 정도 머물면서 썼다. 직장을 그만 둔 그해 여름, 몸이 불편하신 큰어머니를 위하여 잠시 큰댁에 있었다. 큰댁이 있는 작은 마을은 소리쳐 이름 부르던 사촌들 얼굴마저도 기억 없는 일찍 떠나버린 고향이었다.

강둑에 앉아 초록색 잉크물이 번지도록 꾹꾹 눌러 쓴 글자들이 하늘을 향해 날개를 폈다. 책갈피에 끼워 말린 행운의 네잎클로버, 물소리와 함께 남강으로 흘려보냈던 하모니카 소리, 비온 뒤 골 낮은 소나무 숲에 터 잡은 백로와 해오라기, 물총새가 은빛 비린내를 건져 올리던 강 언덕. 뻐꾸기가 고요를 깨우던 여름 이야기들이 빼곡하니 적혀있었다.

펜글씨로 쓴 편지는 마음이 나타나고 긴 여운이 남는다고 했던가. 네잎클로버 한 줄기로 첫 장에 멋 부린 편지를 버리지 않고 모은 청년은 내게 찾아온 행운이었다. 바다만 바라보고 사는 청년과 부부인연을 맺은 지 수십 년, 함께 바라보는 붉은 노을이 고혹적이다.

"그 달밤에 먼저 낚인 사람은 내가 아니고 당신이지요?"

순정한 시간에 빠져있는 나에게 맘보바지가 잘 어울리던 청년이 다가서며 말한다. 마주 보며 씽긋 웃는다. 누가 먼저 낚였는지 무슨 말이 필요한가.

3.

무지개 뜨던 날

등대

“참다랑어 죽었던 그때를 재현해 과학적 자료를 만들어 3개월 후에 봅시다.”

‘판사님! 우리는 연구원에게 순수하게 도움 준 것밖에 없고, 바다사업을 수십여 년 해왔지만 이런 송사는 처음입니다.’

억눌린 외침으로 항변하고 싶었지만 자제하라는 남편의 눈흘김에 입을 닫는다. 돌아오는 내내 말없는 그의 손을 힘주어 잡는다.

누구나 살아가는 동안 별의별 일을 다 겪는다. 어떤 일은 쉽게 잊혀지고 또 어떤 일은 오래도록 잊혀지지 않을 때가 있다. 누구한테는 은혜를 입고 어떤 사람한테는 베풀고도 추구하는 가치관과 생각이 달라 감정 상할 때도 있다. 그럴 필요가 없다지만 원망스럽고 일시적인 분노로 미래를 담보할 수 없으니 참을 수밖에 없어 속이 탄다. 그때의 상황을 과학적으로 증명할 방법을 어떻게 찾아야할지….

창을 열어놓고 낮에 법원에서 있었던 난감한 판결을 돌이켜 보며 바닷바람을 쐰다. 항구 안에 키 작은 등대에서 빨갛고 파란 불이 깜박거린다. 등댓불 하나 둘 헤고 있으니 복잡하게 얽혀있던 마음이 누그러진다.

해양 신대륙을 개척하는 밀레니엄시대. 대한민국에서 최초로 성공한 참다랑어 양식!

바다는 10%밖에 개발되지 않은 신대륙이다. 오늘보다 내일이 더 발전할 수 있는 해양 신대륙의 시대를 향하여, 어려움도 굴하지 않고 '잡는 어업에서 기르는 어업'으로 실패를 두려워하지 않았다. 바다 위에 수십여 년 탑을 쌓고 도전한 참신한 기술이 있고, 통영바다에서 자라는 먹거리가 우리들 일상으로 깊숙이 들어와 있다. 블루오션으로 향하는 과정을 정부와 해수부에서 관심을 가져주었더라면, 우리 바다에서 양식한 다랑어가 이웃나라까지 진출했을지도 모를 일이다.

해양수산정책과 회의가 있을 때마다 목소리 높였지만 답은 한결 같았다. 대기업이 아닌 작은 업체는 늘 관심 밖이었다. 우리나라에서 참다랑어 양식이 상업적으로 성공한 적이 없었던 탓인지 보험문제, 다랑어치어 쿼트 문제 등등, 어려움들을 호소했지만 받아들여지지 않았다.

작년여름, 참다랑어 산란 연구(치어 생산) 과정에서 4~5년 키워온 다랑어 수백 마리가 죽었는데도 누구 하나 책임지지 않았다. 바다를 연구하는 박사들의 기술을 믿고 조건 없이 가두리 24칸 중 판매하는 고기가 들어있는 3칸을 빌려주었다. 만약에 생길 사고를 대비하였더라면 오늘 같은 암울한 일은 생기지 않았을 테지. 그들을 믿었다. 믿었기에 어떤 약조도 없이 우리의 재산을 무상으로 빌려주었다.

그들이 가두리에 네트*를 수심 3m 깊이로 빙 둘러 설치한 일주일 만에 다랑어 수백 마리 죽었다. 연구원들의 실수? 아니면 기술 부족? 어떤 이유인지 모르겠지만 물질적으로나 정신적으로 불이익은 우리 몫으로 현재진행형이다.

2차 공판이 있는 날, 잠 설친 긴 밤이었기에 솔로몬처럼 현명하기를 바랐다. 하지만 바다에서 무엇이, 어떻게, 왜, 그런 상황이 되었는지 모르는 판결은 무미건조했다. 과학적 자료? 바다를 조금만 안다면 이런 숙제는 안줬을 것 같다. 억울함은 변호사가 변론할 일이라지만, 변호사 아니라 그 누군들 바다에서 일어난 그때 상황과 아침저녁이 다른 자연적 변화를 지금 어떻게 만들 수 있겠는가.

한반도의 어업지도가 차츰 아열대로 바뀌어져 간다는 뉴스를 본 적 있다. 기후변화로 작년에 불던 바람과 해류는 어느 곳으로 흘러갔는지, 바람 세기와 물의 흐름이 다르다고 했다. 머릿속에 생각도 어제와 오늘이 다른데 하물며 일 년 반이 지나간 자연을 어떻게 과학적으로 재현하라는 것인지….

'과이불개(過而不改)' 잘못을 하고도 인정하지 않는다는 사자성어 한 줄처럼 인정하지 않는 그들의 태도가 괘씸하다. 실수는 정도가 없고 답이 없다지만 나라의 녹봉을 받는 사람이라면 최소한의 양심과 예의는 갖춰져 있기를 바랐다. 수 년 간 80~100㎏으로 키워 전국으로 판매하는 다랑어 수백 마리를 죽였으면 도덕적 책임은 질 줄 알았다. 그런데 그들은 합의점을 찾아 해결해주지도, 아무런 사과도 하지 않았다. 사고가 있었던 그때는 자기들의 잘못이라고 분명 '미안하다. 책임지겠다.' 말했지만 시간이 지난 지금은 모르쇠로 일관하고 있다. 억울하여 법에 호소해보지만 오리무중이다.

피고 측에 시간적 여유를 주기 위해서인지 내년 3월로 미룬다. 연구원들이 자기들 부주의로 인한 사고라고 말했듯이, 옳고 그름을 단번에 알 수 있는 사건인데도 명쾌한 판결을 내리지 않는 이유가 무엇인지. 하늘과 바다를 의지하며 손바닥 지문이 닳도록 살아온 사십여 년 시간들이 짓밟힌 것 같아 억울하고, 그들에게 조건 없이 연구할 수 있도록 장소를 협조한 게 화가 난다.

미래를 향해 성장하는 참다랑어 양식장!

정부와 해양수산부, 지자체에서 지향적인 관심을 주는 곳이고 법무팀이 있는 대기업이었다면 이번 사건의 문제가 어떻게 해결 되었을까? 작은 업체의 서러운 비애다.

나이 들수록 자존심보다 자존감이라며 씩 웃는 남자. 청춘을 잃어버린 것 같은 배신감에 사업하기 싫다는 남자에게 '준비된 사람은 바람이 거세도 잘 견딜 것이고, 여태껏 도전하며 살아왔듯이 내일을 향해 용기 잃지 말자.'고 말한다.

붉고 파란 불빛이 5초마다 어둠을 깨운다. 밤바다를 항해하는 배들이 깜박거리는 등댓불을 보며 길을 찾아가듯, 우리에게도 등대 같은 길라잡이가 있으면 좋겠다는 생각이 드는 날이다.

*네트: 다랑어 알이 빠져나가지 못하게 모기장처럼 촘촘한 그물.

마지막 블루오션

세계 최고라는 일본 수산시장과 참다랑어 양식장을 다녀왔다. '보는 만큼 보일 것이고 듣는 만큼 알 것이다.'라는 말처럼 새로운 사업을 구상하는 단계에서 선진 기술과 가공 판매의 실체가 어떤지 궁금했다.

'도쿄의 부엌'이라는 애칭으로 80여 년 역사를 자랑하는 츠키지시장을 돌아다녔다. 우리가 상상했던 이상으로 규모는 거대했다. 물론 일본인 생선 소비가 세계 1위라는 걸 알고는 있었지만, 새벽시장 오천 원짜리 아침밥 한 그릇에도 다랑어와 생선 몇 조각이 담겨져 나올 정도였다.

도쿄에서 나가사키 도(道)를 건너 해안선 따라 참다랑어 양식장 몇 군데도 둘러보았다. 태평양 끝인데도 우리 어장과는 사뭇 다르게 효율적으로 고안된 관리가 놀라웠다. 무엇보다 자연재해 때 손실을 막아주는 방파제가 이중삼중으로 만들어져 있었다. 냉대와 아열대로 인한 태풍과 해일이 많은 섬나라이지만, 정부의 발 빠르고 적절한 대책은 근해 양식개발과 국민소득증대에 최선을 다하는 것으로 보였다.

일본에서 보고 느낀 어장관리와 수산물의 가치는 우리가 따라갈 수 없을 정도로 발전하고 있었다. 바다만 바라보고 살아가는 어민의 입장에서 일본의 수산행정이 부러웠고, 양식장에서 궂은일을 마다하지 않는 성실한 청년들이 도드라져 보였다.

'프로는 불을 피우고 아마추어는 불을 쬔다.'는 말처럼 누군가 미래 신산업에서 시행착오를 겪어야 풍요로운 내일이 약속된다는 믿음 하나로 수산업 혁명을 꿈꾸면서 다랑어 양식을 독자적으로 시도해 왔다.

십여 년 전, 수천여 마리 치어를 수입해 통영 욕지도에서 시작된 수산업 혁명. 경험과 기술이 부족해서인지 그해 겨울을 넘기지 못하고 전부 폐사하는 아픔을 겪어야 했다. 다시 치어를 들이고자 했지만 거래가 어려웠다. 수입이 원활해진 2016년부터 치어를 사들일 수 있었고, 겨울을 잘 견딘 치어들은 태평양을 가를 듯이 힘차게 잘 자라 주었다. 올해 새로 들어온 치어들도 내후년쯤이면, 우리 식탁뿐 아니고 이웃 나라 입맛까지 사로잡을 수 있을 것이다.

기후변화와 남획으로 어족 자원이 줄어드는 현상은 참다랑어도 피해 가지 못했다. 중서부 태평양 해역이나 아열대 여러 곳에서도 개체 보존을 위해 참치 조업일수를 축소했다고 한다. 우리나라에서도 해수 온도가 상승하고 바닷물 흐름이 아열대로 변하면서 매년 어획자급률이 떨어지고 있다. 어획량이 감소하는 이 시기에 우리 기술로 성공한 참다랑어 양식은 마지막 블루오션이 될 것이다.

국적불명 생선이 우리 식탁을 차지한 지 이미 오래다. 근해에서 잡히던 어류들도 수온 변화에 따라 이동하고 있다. 매년 황폐화되어가는 바다를 보고만 있을 것인가? 삼면이 바다인 우리나라 미래 먹을거리 산업도 고민할 필요가 있을 때다. 수산업도 바다 관리도 어민의 자구책이 우선이지만, 대규모 투자와 연구개발은 역시 중앙정부와 해양수산부가 나서주어야 가능해진다. 일본처럼 방파제 축조며 수산물관리 정책을 행정당국이 기민하게 펼쳐주어야 어업 강국으로 자리매김할 수 있다.

6차 산업이라 불리는 식품산업. 특히 수산식품은 어민들의 손과 기술이 필요하지만 더 절실한 것은 정부 지원이다. 개인업체가 생산부터 가공, 포장 유통시설까지 갖추기까지는 갈 길이 멀다. 밥상의 출발은 신선한 식재료이다. 깨끗한 먹거리를 공급하려면 생산부터 모든 과정이 완벽에 가까워질 필요가 있다. 욕지도 현장만 해도 수산 선진국으로 가는 길은 너무나 많은 일들이 산재해 있다.

치어 수입이 어려워 동해안 어민들에게 부탁을 했지만 쿼터 물량도 부족하고 치어를 잡아도 살리는 기술이 없어 안타깝다. 해양과학원에서도 치어 배양 양식을 도전하고 있지만 녹록하지 않은 것 같다.

정보기술(IT) 강국 대한민국, 욕지도 현장에서 우리 기술로 치어가 생산되고 다랑어 양식이 성공한다면 저렴하고 양질의 먹을거리가 만들어질 수 있을 것이다. 한국산 참다랑어가 대안 시장에서 급성장할 수 있는 그날이 머지않을 것이라 기대한다. 선진화된 기술로 대외경쟁력을 갖추게 되면, 수산식품 기술분야로 젊은 인재들이 몰리고 새로운 수산물시장이 형성될 뿐 아니라 지역경제도 크게 부흥할 기회가 만들어질 것이다.

청정바다 욕지도, 원형 가두리어장에서 고등어 사료를 낚아채며 떼 지어 다니는 살찐 참다랑어의 힘찬 몸짓에서 푸른 희망을 본다. 은빛 파도를 가르는 다랑어들을 보면서 큰 캔버스에 미래 신산업을 그린다. 지금은 욕지도에서 서툴게 스케치하는 단계이지만 우리나라 전역에 무한 적용될 수 있는 멋진 그림이 그려질 것이다.

마지막 블루오션을 위해 욕지 바다로 향하여 Let's go.

만월을 꿈꾸고 계획하다

하늘을 가리킨다. 그의 손가락 끝을 따라가니 새털바람을 타고 모로 선 상현달이 그네를 탄다. 날씨 탓인지 밤하늘이 푸릇하다. 웃을 일들이 많이 있기를…. 골똘히 하늘을 바라보며 생각에 잠겨있는 그를 본다.

'가을 창가에 홀로 취하니 무엇으로 이 근심을 해소하랴.'

두보의 가을 시 여덟 수 중, 한 줄이 생각난다. 밤잠 설치면서까지 고민하는 이유를 알지만 대신할 수 없어 모른 척한다. 힘들고 어려운 것을 이루는 데는 오롯이 그 사람만의 결단과 판단이기 때문이다. 꿈을 현실로 만들어가는 끝없는 도전도 그의 몫이기에 그냥 지켜볼 뿐이다.

삶은 쟁취다. 누가 거저 가져다주지 않는다는 것을 알기에 상현달이 만월이 되기를 꿈꾼다. 꿈을 꾸니까 답이 있더라. 하니까 되더라. 도전은 있을지라도 실패는 없다. 그렇게 자신을 다독이며 이 자리까지 온 사람이기에 잘할 것이라 믿는다.

'보통 사람은 꿈을 꾸고, 현명한 사람은 계획을 세운다.'

오래전부터 꿈꾸며 도전한 것만으로도 행복했던 사람이다. 이십대에 영혼을 묻고 꿈을 키웠다. 오매불망 가슴으로만 간직한 짝사랑을 칠순 초로에 참사랑으로 돌려세웠다. 그 사랑을 이뤄내는 용기와 과정이야말로 얼마나 대단한가. 초승달이 사위어가는 푸릇한 하늘을 보고 있는 그에게 소리 없는 박수를 보낸다.

낮에 중국에서 온 바이어들 몇 팀 만나고 집으로 들어오는 남편의 손에 빨간 포장지에 빨간 매듭으로 치장한 술 2박스가 들려 있었다. 식사하며 마신 술 한 잔의 취기인지, 무엇이냐고 묻기도 전에 싱글거리며 말해준다. 달뜬 말속에 촉촉한 물기까지 묻어 있다. 반세기가 넘게 질문은 있어도 답이 없던 도전, 다양성 속에 통일성을 잃지 않은 그의 능력이야말로 우리 바다의 시금석임을 인정받았다는 게 큰 기쁨이리라. 근사하게 포장된 중국 전통주 몇 병의 선물이 답이라 할 수 없지만, 그의 가치와 능력을 알아봐 주는 결과물이 아닌가 싶다. 오랜만에 편안하고 환한 표정이 보기 좋다.

중국과 일본, 국가적인 문제에 우리 입장은 말할 수 없는 미묘함이 있다. 하지만 오염수 방류로 인하여 일본에서 참다랑어를 수입하던 바이어들이 우리 어장으로 찾아온다는 게 더 중요하다. 지난달부터 바이어들이 일주일이 멀다하고 사업계획을 만들어 우리를 찾는다. 남들 하지 않은 도전에 메아리조차 없던 노력들이 이제야 답인 것처럼 그 손을 덥석 잡기엔 녹록하지 않다는 게 현실이다.

이태 전 여름을 생각하니 잠도 사라지고 화가 또 스멀스멀 치민다. 다랑어의 배양을 연구하던 이들의 실수로 다랑어 수백 마리의 떼죽음과 작년 태풍으로 찢어진 그물사고는 우리를 벼랑 끝으로 몰고 가는 뜻밖의 복병이었다.

태풍으로 사라진 다랑어들은 천재지변으로 생긴 일이라 포기가 쉬웠지만 인재의 손해는 왜 잊히지 않는지…. 바이어들이 드나드는데 판매할 다랑어가 없다는 현실이 답답하다. 화풀이 한번 퍼붓지 못한 게 억울하고 손해배상을 청구하지 못한 괴리감이 있지만 어쩌겠는가. 어민에게 큰 피해를 입히고도 모르쇠로 지내는 그들이 부끄러움을 느낄 수 있도록 힘을 키워야 할 일이다. 여태껏 순응하고 때로는 견딜 수밖에 없는 일들도 있었지만, 그때처럼 어떤 위로도 받지 못한 섭섭함을 누르고 열심히 지켜왔던 참다랑어 사업에 새로운 꿈을 계획한다.

참다랑어 사업! 하늘과 바다를 많이 원망도 했지만 그로 인해 삶이 달라졌음은 물론이고 인생관이 바뀐 것도 분명하다.

용기와 도전 없이 보통사람으로 살았더라면 인생의 황금기도 마음 넉넉한 부자도 아닌 그날이 그날처럼 살고 있을지도 모른다. 힘찬 목소리와 반짝거리는 그의 눈빛에서 대리만족을 느끼며 살고 있다.

해류를 따라 이동하는 다랑어치어들을 양식용 쿼트만큼 키울 수 있다는 계획을 한참 듣다보니 저 용감하고 도전적인 사람을 누가 꺾을까. 한 번도 해보지 않았던 일에 만반의 준비를 서두른다. 제주와 강원도 근해에서 잡히는 다랑어치어를 싣고 올 계획부터 모든 일들이 순조롭게 이루어지기를….

밤이 깊다. 계획을 추진하는 그의 용기에 그저 마음을 보탤 뿐이다.

무지개 뜨던 날

소나기 한 줄금 시원하게 쏟아진다. 속초에서 통영으로 돌아오는 길이다. 빗물에 갇혀버린 중앙고속도로가 뿌옇다. 비 탓인지 운전대 잡은 어깨가 등짐 진 것처럼 무겁다. 경북 영주를 지나니 비가 그친다. 하늘 한쪽은 컴컴한데 한쪽 산위에는 일곱 색의 무지개가 선명하다.

"와우! 저기 무지개 떴어요. 빨리 일어나 보세요."

지난밤 선주들과 마신 술로 코를 골며 피곤을 풀어내던 그가 무지개라는 소리에 눈을 뜬다. 요즘 보기 귀한 무지개를 바라보며 좋은 일들이 생길 것 같은 예감이라며 웃는다.

참다랑어치어 때문에 동해 해안가 구석구석 어장주들 한 사람, 두 사람 인연을 만들면서 몇 며칠 돌아다녔다. 선하품 하는 내가 안쓰러워 보였는지 휴게소에서 잠시 쉬자고 한다. 진한 커피 한 잔으로 무거운 눈꺼풀을 걷어 올린다. 한숨 자고나니 개운해졌다는 표정으로 운전대를 잡아준다. 장마 탓인지 컴컴한 구름이 또 몰려든다.

'비가 또 오실건가?'

하늘과 지평선의 양면을 가르는 두 개의 선으로 자연의 변화를 본다. 빗금을 그으며 떨어지는 차창 밖의 풍경에 빠져 USB에서 흘러나오는 올드송 따라 고개 장단을 맞춘다. 추억여행에 등을 파묻고 슬그머니 눈을 감는다. 그때 전화벨이 울린다.

"안녕하세요? 저는 부산문인협회 ○○입니다. 한국해양문학상…."

전화기 너머 말소리가 벌 한 마리 귀에 들어간 것처럼 윙윙거린다.

'26회 한국해양문학상' 최우수상으로 선정되었다는 소식이다. 순간 울음이 터진다. 차창으로 흘러내리는 소나기처럼 그렇게 펑펑 눈물이 쏟아진다. 철썩거리는 파도처럼 소리 내어 울던 울음이 그칠 때까지 기다려주던 그가 어깨를 토닥거려준다. 투박한 손이 따뜻하다. 말이 필요 없는 위로다.

"이제부터 좀 편하게 사소."

"뭐라 캅니까? 계속할 건데요."

위로해주는 말에 핑퐁처럼 되받는 대답이 기가 차다는 듯 씩 웃고 만다.

수상소감과 사진, 간단한 약력을 빨리 보내라고 한다. 벅찬 감정 추스르고 소감을 머리에 떠올려본다. 이틀밖에 시간이 없다. 뭐라고 적어야 할까? 집으로 돌아와서도 내내 궁리하는 시간이 지나간다. 머릿속에 벌집 한 통이 들어앉은 것처럼 붕붕거리는 소리가 어지럽다. 몇 며칠 돌아다녔으니 밀린 빨래와 집 청소를 해야 하는데도 할 일을 잊어버린다. 독한 위스키 한 잔 마신 것처럼 정신이 몽롱하다.

포항 월포 앞바다에서 참다랑어치어가 잡혔다는 연락을 받았습니다. 정치망어장주들과 의논 끝에 그물을 보내놓고 마음이 놓이지 않아 급히 길을 나섰습니다. 아니나 다를까. 보낸 그물은 모래사장에 덩그러니 방치되어 있었습니다.

해류를 따라 치어들이 잡혔던 것이고, 언제 기회가 올지 모르는 실정이었습니다. 자연이 주는 메아리는 시간이 더디게 지나가고 나서야 돌아온다는 것을 알고는 있지만 실망감이 엄습했습니다.

"동해바다가 와이리 잔잔하노."

속 타는 마음 숨기며 남편은 말을 돌렸습니다. 바람 한 점 없는 무심한 바다를 바라보면서 이왕 나왔으니 속초까지 가보자며 길 위에 섰습니다. 발자국이 쌓여 길이 된다는 것을, 그렇게 시작은 있는데 끝이 어딘지 모르는 길을 고개 끄떡이며 따라다닌 시간이 사십여 년입니다.

속초에서 통영으로 돌아오는 고속도로에서 생각지도 않던 수상소식을 들었습니다. 소나기처럼 쏟아지는 감사의 눈물이 흘렀습니다.

바다를 짝사랑하는 남편의 끝없는 도전과 집념을 지켜보면서 써 모은 글로 '26회 한국해양문학 최우수상'을 받게 되어 제 자신에게 의미가 큽니다. 남편에게도 큰 선물이 될 것이라 여겨집니다. 정말 고맙습니다.

갯촌 아낙의 수필을 눈여겨봐주신 심사위원님들께 고개 숙여 감사드립니다. 큰 상 주심에 다시 한 번 감사드리며 열심히 바다를 사랑하겠습니다.

갈매기 소리가 시간이 되는 섬 욕지도에서 수상소감을 간단하게 적어본다.

시작은 그랬다. 오래전부터 바다에다 미래에 대한 질문으로 성을 쌓기 시작했고 그 시작의 끝에는 하나씩 답이 돌아올 것이라고 확신했다. 바다가 삶의 목적이 된 그를 바라보며 지루한 길을 걸었다. 그렇게 시작은 있는데 끝이 어딘지 모르는 길 위에서 조바심치며 따라다닌 발자국이 쌓여 길이 됨을 이제야 알게 된다.

몇 개의 고속도로를 바꿔 타면서 통영으로 돌아오는 길. 선하품으로 피로를 풀어내던 그때, 뜻밖의 수상 소식을 듣고 뜨거운 눈물을 흐리던 순간을 다시 펼쳐본다. 울컥 치미는 감동이 파도처럼 막 밀려와 명치끝이 뜨겁다.

여름 한낮에 소나기 쏟아진 후, 무지개 선명하던 망외(望外)의 선물은 바다만 바라보며 애태우던 시간의 보상이다. 말이 필요 없는 위로에 고맙기만 하다.

물 흘러가듯

9월의 마지막 날이다. 풀벌레소리가 열린 창으로 청아하게 들리는 아침. 시간을 붙들고 따뜻한 차 한 잔 마시며 신문을 뒤적거린다.

'참다랑어 반값…. 지중해에서 어획한 참다랑어 15톤 물량을 대형마트 전 점포에서 일주일 동안 판매한다. 이번에 풀리는 냉동 참치는 몸집이 크고 최고급 횟감으로 분류되며, 코로나 확산으로 소비자들이 줄어들자 기존 팔았던 것보다 반값으로 판매는 처음이다.'라는 신문 광고를 본다.

한 달 전쯤이었다. ○마트 실무자들이 어장을 찾아왔었다. 통영바다에서 자라는 친환경 먹거리를 팔겠다며 다랑어 실태를 조사를 해갔다. 하루에 몇 마리씩 잡을 수 있는가? 수송은? 많은 얘기들을 주고받았다.

욕지도 근해에서 잡은 전갱이, 고등어 등 불포화지방산이 풍부한 먹이로 자란 참다랑어가 마트에 진열되고, 건강한 먹거리가 밥상 위에 올라간다는 생각만으로 즐거움이 배가 되었다. 절로 입이 벙글거리고 기분은 말간 가을하늘에 새털구름처럼 피어올랐다. 꿈으로 시작하여 삶으로 꽃피우는 것이 인생이라며 투명한 연보라색을 바라보듯 설레었다. 잠시나마 여유로운 시간들이었다.

그렇게 마음 달뜨게 했던 업체에서 낸 신문 광고를 본 순간 그냥 섭섭해졌다. '수지타산이 맞지 않을 것이다.' 스스로에게 하는 위로인지, 아니면 그동안의 수고를 환산하고 있는 나를 위로하기 위한 말인지, 남편은 한마디 던지고는 어장으로 나가버린다. 큰 기업체의 셈법에 잠시 흔들렸던 나약함을 보여준 것 같아 미안했다.

바다의 귀족 참다랑어, 비싼 수업료를 지불하며 키웠다. 최고의 맛과 육질을 만들기 위해 사료부터 꼼꼼하게 관리하던 그도 아쉬운 기색이 역력했다. 자식을 키우듯 최선을 다한 수고가 냉동수입상품에 밀리는 게 속상하지만, 유속이 빠른 우리 양식장의 참다랑어가 최고의 단백질과 영양이 좋다는 것을 알 때까지 기다릴 수밖에.

냉동 참치도시락 2개를 주문하여 고속버스 편으로 받았다.

"이럴 수가…."

네댓 시간여 만에 도착한 도시락 뚜껑을 여는 순간 깜짝 놀라고 말았다. 포장지에 싸여있는 살코기 밑으로 핏물이 흥건하다. 냉동살코기이고 또 버스로 이동하여 허물어질 수밖에 없는 시간이지만 도시락은 너무 허술했다. 우리 가게에서 배달하는 도시락과 택배로 보낼 때의 주의할 점을 고려할 기회일 수도 있어 찬찬히 살폈다. 핏물을 닦고 먹기 좋게 접시에 담았다. 맛을 비교해 보기 위해 욕지도 참다랑어 한 접시 따로 썰어냈다.

다랑어를 즐겨 먹는 몇 사람을 초대해 식탁에 둘러앉았다. 서울에서 온 참치는 찰지지 않고 고소한 맛이 없었다. 얼었던 살코기가 녹으면서 살이 무른 것은 당연지사. 얼리지 않은 다랑어와는 맛이 차이가 날 수밖에 없다. 다음은 생참다랑어 자례…. 한 점을 입에 넣고 누구랄 것 없이 엄지를 치켜세운다. 역시!

생산자와 대기업의 적당한 조율이 있었더라면 시민들 식탁위에 건강한 먹거리가 차려졌을 텐데. 소비자들에게 좋은 이미지가 남을 수 있는 기회였는데 생각할수록 아쉬웠다. 식감과 풍미가 떨어지는 냉동을 공급할 수밖에 없음은 값이 싸다는 이유겠지만, 중남미바다에서 회유하다 잡힌 참치와 수입된 참치들은 중금속에 오염되었을 확률이 높다는 통계도 있다.

우리 바다에서 자란 먹거리가 식탁을 책임지는 가장 중요한 먹거리 수산물이고, 건강을 지키는 약이라는 것을 누구나 안다.

우리가 우리의 수산물을 최고라고 엄지를 치켜세워줘야만 어업 분야 후계자들이 많아질 수 있다. 수요가 없는데 어찌 공급량이 만들어지겠는가. 무한자원이 살아있는 바다를 젊은 2세들이 미래지향적으로 도전하는 그날을 욕심부려본다.

'내가 한 결정은 내 자신이다.'

사르트르의 명언을 읊조리며 묵묵하게 한 길만 걸어온 노력으로 둥근 가두리 속에는 지금도 다랑어가 살찌게 자라고 있다. 며칠 전에도 모 백화점에서 실무자들이 어장을 둘러보고 갔다. 지금은 코로나 여파로 판매가 부진하지만 내년 상반기쯤이면 참다랑어들이 평균 이상으로 크게 자랄 것이고 그만큼 부가가치도 높아질 것이다.

가야할 종착지가 어딘지 모르지만 물 흘러가듯 순응하다보면 시장을 지배할 날도 있을 테지. 기대와 두려움의 공존은 언제나 우리를 깨어나게 하는 원동력이다. 내일을 또 기대하며 바다로 간다.

바다를 품은 남자

늦은 오후, 참치 치어를 3일째 경매하고 있다는 전화를 받고 길 떠날 준비를 서두른다. 마음은 급하지만 확산된 코로나 때문에 새벽 1시쯤 출발하자고 말한다.

우리나라 근해에서 치어가 잡힌다는 소식은 노다지를 발견한 것처럼 가슴이 뛰는 일이다. 양식용 치어를 확보할 수 있겠다는 생각에 잠 설치며 시계초점에 신경 곤두세운다. 아마도 심장이 방망이질을 해대는 모양이다. 수온이 낮은 겨울엔 다랑어치어를 사올 수도, 키울 수도 없지만 근해에서 잡히는 치어들이 궁금해 마음이 바빠진다.

부산스레 챙겨 길 위에 서니 섣달 둥근 달빛이 환하게 길을 터준다. 경매 시간을 맞추려고 된바람을 안고 울진 죽변항으로 달렸다. 다행히 시간을 맞추었다. 하지만 다랑어치어는 한 마리도 없었다. 수십 척의 배에서 쏟아진 생선은 대부분 오징어다. 며칠 전에 잡혔던 다랑어치어 떼들은 무리를 지어 유영하는 오징어 떼를 따라 다니다 근해 정치망 어장에서 잡혔던 것 같다. 치어 수 천 마리가 헐값으로 팔렸다는 선주들의 이야기만 분분한 새벽, 갑작스레 허기 같은 공허가 덮친다.

선주들에게 삼사월에 잡히는 치어들을 부탁한 후 돌아섰다.

'잘 익은 섣달 보름달이 언 가슴 풀어내듯….' 어느 시인이 겨울에 핀 매화를 보고 풀어낸 시 한 줄처럼, 우리는 다랑어치어 때문에 동해 바다, 섣달 열사흘 달빛을 안고 낯선 길을 동행한다. 허탕치고 돌아서는 고단한 심정을 위로하듯, 서산으로 기울어가는 달빛은 등을 다독여주면서 아침을 깨운다. 나른하다.

기상이변 때문에 겨울에도 우리 바다에서 치어가 잡힌다. 참다랑어 양식을 하려면 비싼 치어를 외국에서 수입하는 것보다 우리 기술로 치어 배양을 할 수 있으면 좋은 일이다. 해양수산국립과학연구원에서 배양기술을 연구하고 있지만 아직 성공을 못하고 있으니 동해나 제주 근해에서 잡히는 치어야말로 귀하신 몸 아니겠는가. 지난해 여름, 동해에서 치어가 많이 잡혀 헐값으로 팔렸다는 말을 듣고 얼마나 안타까웠던가. 그날 이후 언제든 싣고 올 수 있도록 그물과 가두리를 영덕항에 두었지만 치어들이 우리의 계획을 눈치라도 챈 양 숨바꼭질 중이다. 자연산 치어는 양식하는 우리뿐만 아니고 치어를 잡는 어민들에게도 큰 수입원이 될 수 있다.

바다를 품고 사는 남자는 오늘도 꿈꾼다. 태중에서부터 바다 바라기의 만성중독자인 그에게 바다는 생명이고 종교다. 사십여 년이 넘도록 바다와 한 몸이 되어 움직이고 바다를 대상으로 무언가를 구상할 때 비로소 살아있음을 느낀다는 남자.

십 수 년 전, 먹이사슬이 풍부한 어장 자리를 찾아 동안해류가 흐르는 욕지도에 가두리 열여섯 개를 띄웠다. 다랑어를 키워본 경험도 없이 치어 4천여 마리를 수입을 했다. 바다가 삶의 전부인 그의 무모한 도전은 그렇게 시작되었다.

그해 겨울은 몹시 추웠다. 낙동강이 얼어붙을 정도였다. 치어들이 차가운 수온을 견디려면 여름과 가을동안에 사료를 많이 먹고 몸집을 불려 놓아야 한다는 것을 미처 몰랐다. 모두 동사된 후에야 참다랑어의 생태를 알게 되었다. 손실과 허탈감으로 지독한 몸살을 앓았던 시간들이 그냥 지나가지 않았다. 조금씩 답을 주었다. 몇 번의 도전과 실패를 거듭하고서 드디어 이루어냈다. 우리나라에서 누구도 도전하지 못하는 참다랑어 상업적 양식을 최초로 성공했다. 어둑한 터널 끝에 투명한 파란 하늘이 머지않아 보일 것이다.

참다랑어! 기르는 기술은 일본이 앞서있기에 일본 양식장을 기웃거렸다. 관리 방법과 잡는 기술을 한국 사람에게 가르쳐주지 않으려고 했지만 독수리의 눈으로, 귀로 대충 듣고 봐도 상황을 터득하는 능력을 길렀다. 일본 도쿄 츠키지시장과 참치 식당까지 샅샅이 찾아다닌 열정은 기술로 깊어졌다.

'엔지니어 한 명이 혁명가 오십여 명보다 낫다'는 말이 있듯이 그는 도전을 두려워하지 않는 양식업의 혁명가였다. 멍게양식과 활어양식 삼십여 년의 경험으로 시작한 참다랑어 양식, 그의 열정으로 절반의 성공은 했지만 갈 길은 아직도 가풀막처럼 고단하다. 드라마 같은 출발과 달리 냉정한 현실에 부딪치며 발품을 팔고 이 새벽을 달리고 있으니….

바다를 품은 남자. 청춘을 오롯이 저당 잡힌 짝사랑의 대가는 언제쯤 돌아올까. 가끔 복잡함을 내려놓고 편하게 살면 좋겠다는 말이 목 안을 후비지만 가슴 속에 꺼지지 않은 불잉걸을 보듬고 달리는 남자의 눈빛이 반짝거린다. 가보지 않은 길이 때로는 버거워 침묵할지라도 밤이 지나면 아침이 오듯이, 가능성을 알고 있기에 내일의 그 너머를 바라보며 용감해진다.

운전대를 잡고 선하품을 하면서 외롭게 자신과 악전고투 중인 남자의 손을 슬며시 잡아본다. 말이 없어도 지금 어떤 마음일지, 무슨 생각을 하고 있는지 알겠기에 눈웃음으로 다독거린다. 살아가는 이유가 바다라는 남자를 따라 나도 덩달아 닮아간다. 그가 꿈꾸는 길 위에 붉은 벨벳이 쭉 깔려질 것을 기대하며 부지런해진다.

(26회 한국 해양문학상 최우수 작품)

바다의 꽃, 우렁쉥이

Ⅰ.

햇살 내린 가로수 동백꽃 붉다. 봄 마중하다 꽃 떨어진 자리에 씨방이 앉을 때쯤 바다에도 붉은 꽃들이 핀다. 부끄럼타는 소녀처럼 발그레한 몸집을 물들이고 노란 속살을 키우는 바다의 꽃 그 이름 우렁쉥이다.

사월이 오면 한동안 잊고 지내던 지인들을 떠올린다. 그러고는 바다의 꽃으로 안부를 전할 생각에 설렌다.

통영의 짭쪼롬한 맛, 간절기 입맛 돋우는 우렁쉥이, 멍게를 만나러 가는 마음이 바빠진다. 매번 거래하던 양식장을 찾았다. 지난여름 고수온으로 멍게가 집단 폐사되었단다. 겨울 가뭄으로 멍게뿐 아니고 바지락과 홍합, 해초들까지 흉작이란다.

모든 동식물들이 물이 없는 곳에는 살아갈 수 없듯이 바다

속도 그렇다. 빗물이 때로는 불순물을 씻어갈 수도 있지만, 그로 인한 질병이 생기는 경우가 있다. 올해는 다른 해보다 긴 가뭄으로 인해 생물의 생성이 어려워졌다. 이렇게 예측할 수 없는 일들이 생기기 때문에 옛 어른들께서 '바다 사업은 도박판'이라 했을까.

이맘때쯤이면 멍게 양식했던 때가 엊그제 일인 양 파도처럼 출렁거린다. 불확실성에 도전하는 무모한 일인데도 젊음이 있었기에 가능한 일이었다. 열정의 시대였다.

걸음마보다 바다 수영을 빨리 배웠다는 그는 미래 먹거리가 잡는 어업에서 기르는 어업으로 전환되어야 한다는 것을 누구보다 먼저 알았다. 바다만 바라보며 살던 선대들의 가난을 대물림하지 않겠다던 다짐을 앞세워 멍게양식을 준비했다. 하지만 사업이란 게 한두 달로 끝나는 것이 아니잖은가. 평생 투자해야 하는 것이기에 그의 도전이 두려웠다. 만에 하나 잘못된다면…. 내키지 않으면서도 고집을 꺾지 못했다.

바다 사업이 어떤 것인지, 무엇을 하는 것인지도 모르고 묵묵히 하자는 대로 따라다녔다. 멍게 포자를 배양할 수 있는 배양장과 기르는 양식장이 있는 것도 아니고, 일꾼들을 태우고 다닐 배 한 척도 없으면서 그의 도전은 시작되었다. 그의 뚝심에 손을 들었다. '소나기 내린 후에 무지개 뜨듯 고된 시간이 지나면 웃을 날 있을 테지….'라고 믿기로 했다.

바다는 '이래도 해볼래?' 하듯 여러 번의 시련을 안겼다. 긴 긴밤 그가 잠을 설치며 뒤척일 때면 애간장이 녹아들었고 설핏 웃음기가 돌면 안도의 한숨을 쉬었다. 인내의 시험은 몇 해 지난 후에야 푸른빛으로 답을 주었고, 이제 멍게 하면 통영이 떠오를 정도가 되었다. 전국 60~70% 시장을 점유할 정도로 멍게 양식장이 많다. 우리의 불확실한 도전이 확고한 목표가 되었다. 누군가의 끈기와 용기로 어촌이 부강해졌음이 얼마나 다행인가. 멍게가 통영의 대표 수산물이 된 것도, 통영의 청정바다에서 명품 먹거리를 건져 올릴 수 있는 것도 큰 보람이다.

코로나, 오미크론으로 인하여 답답한 벽을 열어젖힌다. 자유롭지 못한 세상으로 나가는 저 너머가 궁금해지고 멍게 한 줌으로 짧은 안부를 전할 수 있는 달큼한 사월이 짙어간다.

'바다에 꽃이 피었습니다. 밥상 위에도 화사한 꽃들이 피어나기를….'

메모 한 장 곁들여 그리운 이들에게 소식을 띄운다.

Ⅱ.

"형님의 용기와 도전이 없었다면 통영 풍미라고 극찬하는 멍게가 있겠습니까?"

멍게사업이 이렇게 발전할 수 있기까지 그의 노고가 일조했다는 멍게 조합장의 인사가 싫지 않다. 멍게 양식업을 해보겠다던 도전, 남들 가지 않은 길을 가보겠다던 그때의 먼지 낀 기억들을 하나 둘 불러내본다.

그 시절 그의 머릿속에는 시퍼런 바다가 밤낮으로 출렁거렸다. 바다를 보면서 무한 상상을 펼치던 일들은 그렇게 어느 날부터 시작되었다.

어선 닻줄이나 깊은 바위에 붙어 자라는 우렁쉥이 모체를 구하려 동해안과 남해안을 미친 듯이 훑고 다녔다. 겨울 된바람에 손발과 얼굴은 늘 부석부석 벌겋게 얼어있었다. 해녀들이 잡아 올린 우렁쉥이 모체를 살리기 위해 고무통에 산소기를 넣어 통영까지 싣고 오는 과정은 쉽지 않았다. 모체가 되는 멍게를 구입하는 일도, 배양장에 넣고 산란시키는 일도 어려웠지만, 더 힘들었던 것은 주변에서의 염려를 넘어선 경제적으로 걱정하는 시선이었다. 우리 부부는 그들의 감정에 휘둘리지 않고 목표를 향해 걸었다.

불투명한 시간들이 흘러갔다. 뚝심으로 밀고 나가는 그는 대범했지만, 매사에 소심했던 나는 힘이 들었다. 결혼이라는 환상에서 깨어난 것은 순식간이었고 그야말로 현실에 묶여 침묵하는 법부터 배우게 되었으니 말이다. 남편과 결혼한 게 아니고, 밤잠 설치며 바다만 사랑하는 돈키호테와 결혼한 것 같았다. 그를 바라보는 하루하루가 예상 밖의 걱정거리를 만들었고, 한 번도 경험하지 못한 일들이 파도가 되어 밀려왔다. 바다는 늘 초조한 긴장 상태로 젊음의 끝을 잡고 맨몸으로 달리게 했다.

우렁쉥이는 암수 한 몸으로 수정을 한다. 우렁쉥이 주둥이는 물을 빨아들이는 입수공과 물을 내뿜는 출수공, 이렇게 두 개가 있다. 물을 빨아들이고 내뿜으면서 호흡도 하지만, 씨방 안의 난핵과 수술의 정핵이 물에 우유를 탄 것처럼 뿌옇게 뿜어져 나온다. 건강한 모체에서 포자를 생산할 수 있도록 배양장 안에서 산란시킨다. 산란하기 좋은 자연적 환경을 만들기 위해 바다와 비슷한 온도를 유지해준다. 펌프로 바닷물을 순환시켜 자연에 가까운 과정을 거치면 산란된 채묘는 올챙이처럼 헤엄치며 다니다가 틀에 부착된다. 꼬리와 지느러미 기능이 퇴화하고 한 달 정도 지나면 바다로 옮긴다. 양식장 줄에 묶어 이삼 년 햇살과 비바람, 자연의 도움으로 자란다. 우렁쉥이가 원래 표준어지만 통영 말인 멍게로 더 널리 알려졌다.

멍게양식, 그때의 노력들이 지금껏 살아야하는 목표가 되었다. 시간을 어떻게 보내느냐 따라 개인의 가치도 달라질 수 있다는 믿음이 생겼다. 그 믿음에 화답하듯 기회를 주었다. 여러 해 시행착오 끝에 멍게는 통영의 대표 수산물이고 간절기 입맛 돋우는 달큼한 특산물이 되었다.

멍게는 각종 미네랄이 풍부하여 성인병에도 효과가 있단다. 예전에는 자연산 멍게가 흔했으나 채취량이 늘면서 수가 줄었고 양식 멍게가 주종을 이룬다. 잡는 어업에서 기르는 어업으로 발전한 것이다.

'불확실성을 안고 도전하는 그것이 인생이다.'

열리지 않은 미지의 경계 위에서 확실성을 받아들이는 용기는 도전을 가능케 하는 힘이 되어주었다.

강산이 여러 번 바뀐 후, 통영의 명품 수산물이 된 멍게 양식으로 부유해진 어민들도 많아졌다. 그이는 그것에 만족하지 않았다. 멍게 양식의 주역에서부터 활어 양식, 마침내 바다의 로또라고 불리는 참다랑어 양식까지…. 그의 도전은 멈춤이 없다.

이십 대의 청년이 백발이 되도록 달려온 이유가 '바다였다.'라고 말하는 남자. 그때는 이십 년, 삼십 년 지난 후의 삶을 상상하지 못했듯이, 그는 오늘도 바다 너머 너른 대양으로 나아가기 위하여 운명처럼 힘찬 발걸음을 내딛는다. 동전의 양면처럼 긴 세월 숱한 고뇌도 있었지만 누구도 경험하지 못한 희열도 있었다. 통영바다를 한발 앞서 개척했고, 명품 먹거리를 위한 노력은 아직도 현재진행형이다.

그를 응원하는 하루가 미륵도 앞바다를 붉게 물들인다.

별을 낚는 사람들

하현달 주변으로 별들이 흔들린다. 창가에 턱을 괴고 하나 둘 또 하나…. 별을 세다말고 빨강 파랑 등대불빛이 5초마다 바뀌는 별난 셈을 한참 한다. 누군가 잠 못 들고 하늘을, 바다를 바라보며 한숨 내쉬고 있을지도 모른다.

나라경제가 힘들어진 지 오래다. 웬만하면 어려움을 말하지 않는 큰아들이 한숨 섞어 말한다. 회사가 날이 갈수록 힘들어진다며 직원을 몇 명 줄여야겠다는 이야기를 조심스럽게 꺼냈다. 우리뿐 아니고 여기저기 문 닫는 제조업체들이 많아졌다고 덧붙인다.

"밤낚시 갑니다."

낚시 가방을 챙겨서 나간다. 늘 그랬듯이 힘이 든다는 나름의 표현방법이다. 후줄근한 뒷모습을 보고 있으니 가슴이 서늘해온다. 모두가 아우성인 현실이 답답하다. 스트레스 풀기 위해 낚시 간다는 아들에게 어떤 위로를 할까. 이 시기를 잘 극복해갈 대안은 없는 걸까.

며칠 전, 방파제에서 남자들이 서로 배려하지 않는다며 멱살까지 잡고 큰 싸움을 벌였다. 조용하던 마을이 갑자기 술렁였다. S회사 작업복을 입은 낚시꾼끼리 생선 몇 마리 분배의 차이가 화나게 한 것이란다. 참으로 사소한, 이유 같지도 않은 이유로 싸움질이다. 목소리 큰 사람과 손사래 치며 말리는 사람들. 그들은 어깨 위로 떨어지는 비듬처럼 누군가에게 울분을 쏟아내는 것이었다. 어쩌면 한 잔 술의 힘을 빌려 고단함을 풀어내는 자리였는지도…. 안타까웠다.

팍팍해진 삶을 살아가는 다정한 남편이고 아버지인 가장들이 설 자리를 잃었다. 작은 스침에도 날카롭게 반응하는 말투는 서로를 할퀴고 있었다. 멱살 잡고 얼굴 붉히던 일도 돌아서면 아무 일 없었던 것처럼 웃을 사람들이다. 어려운 시기에 공통분모로 살아가는 우리의 아들과 쓸쓸한 남편들의 뒷모습이 아닌지.

조선소 경기가 무너지면서 거제와 통영의 실업률이 전국 최고에 이르렀다. 몇 년째 앞이 보이지 않은 불황으로 일자리가 없어지고 밑바닥까지 경제를 끌어내렸다. 그나마 타지로 일자리를 찾아간 사람들은 다행이다. 일자리를 찾지 못한 이들의 하루는 새벽 인력사무소 앞에서 시작된다. 작업복을 입고 섰지만 어디에도 불러주는 곳이 없는 것 같다.

수십 년 가족들을 위해 청춘을 바치고도 미안해하는 남자들. 가족의 눈을 피해 낚시터를 찾아 지루한 시간을 보내는 사람들이다. 서로 다른 목적인 경우도 있겠지만, 조선소 일선에서 망치를 잡았던 녹록하지 않은 몸부림들이 대부분이었다.

'높은 자리에 앉은 분들은 무엇을 하시는지요. 곳간이 비고 국민들이 어려운데 만리장성을 쌓은들 무슨 소용이 있습니까. 모두 왜 힘들어하는지 귀를 열어 한번 들어보십시오. 일하는 것이야말로 가난을 벗어나는 최선의 방법이라고 말한 영국 총리가 생각납니다. 기술자들이 잘 살아야 경제발전에 큰 도움이 될 것입니다. 일선에서 땀 흘리는 사람들이 더 잘 살 수 있도록 선정을 펼쳐주시기 바랍니다.

일하지 않고 노력하지 않는 청년들에게 돈을 준다는 청년실업수당? 제발 부탁합니다. 청년들의 삶의 질이 달라질 수 있도록 경제를 살리고 기업을 살려 일자리를 창출하십시오. 그리고 국민들의 불편한 진실을 귀담아 들어주십시오. 전직 수장들의 잘못된 관행을 닮지 마시고 잘사는 대한민국을 만들어 주시기 바랍니다.'

바다로 강으로 낚시 가는 사람들 대신해서 목소리 높이고 싶은데…. 어디에다가 말을 해야 하는지 모르겠기에 공염불로 구시렁거리며 돌아앉는다. 푸릇한 달빛이 출렁거리는 방파제에서 얼굴도 이름도 알 수 없는 그들이 별을 낚다가, 불안한 현실을 풀어내는 휘파람소리가 애잔하게 들린다.

깊은 밤과 새벽 사이에 빛 잃어가는 하현이 만월이 되기를, 그들이 빈 낚싯대에 희망 하나 건지고 환하게 웃을 수 있기를 기도한다.

찰나에 봄꽃 피다

제주바다는 맑은 청록색이다. 몇 며칠 서귀포 갯가를 다리품을 팔고 다닌 덕에 바람이 없고 수온이 따뜻한 참다랑어 겨울나기 적지를 찾았다. 어장주들과의 만남도 끝내고 숙소로 돌아가는 길이다.

가을 끝자락인데 바닷가에 진귀한 풍경과 마주쳤다. 7월과 8월에 태풍 볼라벤과 탠빈이 휩쓸고 간 달포여 만이다. 소금기 묻은 나뭇잎들이 떨어졌다가 새잎 돋아나는 과정에서 계절을 잃은 꽃들이 피었다. 찰나에 핀 봄을 사진으로 담느라 사람들은 바빴다. 벚꽃이며 자목련과 백목련이 갈바람에 온몸을 흔들며 제멋을 뽐내다 시들어 질 꽃을 보면서 십여 년 전으로 거슬러간다.

2003년 추석 날 저녁, '매미'라는 이름으로 천둥, 번개가 산천초목을 흔들었다. 밤새 하늘 아래 있는 모든 게 휩쓸고 갈듯 바람이 사나웠다. 육지뿐 아니라 바다의 피해도 엄청났다. 무려 9일 동안 우리나라뿐만 아니라 일본, 대만 중국을 거쳐 저 먼 사할린 섬과 쿠할린 열도까지, 태풍이 지나간 자리는 말 그대로 초토화되었다.

바다의 피해도 엄청났다. 수십 년 일군 우리 어장도 예외가 아니었다. 모든 게 뒤죽박죽 정상적이지 못했다. 눈을 감고 하나에서 백을 세며 순응하면서도 견뎌야 했다. 오래전부터 힘들 때 써오던 방법으로 하나, 둘, 셋- 백. 다시 하나 둘…. 하지만 가슴 속에 일렁거리는 잉걸은 꺼지지 않았다. 그냥 화가 치밀었다.

'나를 버리면 또 다른 나를 얻을 것이다'라고 했지만 쉽지 않았다. 일상으로 차츰 찾아가는 것 같았지만, 머릿속에서 발끝으로 빠져나가는 바람 탓에 늘 허허로웠다. 누워 있으면 허리가 땅에 붙어 떨어지지 않았다. 편안한 것처럼 웃어도 내 안에 또 다른 나를 잃어버린 것 같아 밤잠을 설쳤다. 하루하루가 무질서하고 답답했다.

"그림 친구들과 스케치 여행이라도 다녀오소."

여행을 권유하는데도 만사가 귀찮았다. 사람을 만나는 것도 마음 열어 하소연하는 것도 싫었다. 사람으로 생긴 병이라면 사람으로 풀어본다지만, 지문이 닳도록 일궈낸 재산을 하룻밤에 잃어버린 허무함은 무어라 설명하기 어려웠다. 부지런하던 집안 살림도, 그림도 손에 잡히지 않았다. 머리가 찌근거리고 큰 병이 난 것처럼 호흡곤란이 생겼다. 나를 다스리는 방법을 찾기 위해 가까운 곳부터 천천히 걸어보기로 했다.

집에서 달아 공원까지 20리 길, 목적지를 정하니 현기증으로 누워만 있던 몸에서 힘이 생겼다. 운동화 끈을 단단하게 조여 매고 물 한 병 배낭에 넣고 길 위에 섰다.

하늘은 맑고 바다는 사금파리처럼 눈부셨다. 청록색 바다를 내려다보며 걸었다. 길섶 나뭇가지에는 바닷물을 뒤집어 쓴 상흔들이 고스란히 남아 있고, 하얀 억새씨앗이 폴폴 날리는 능선에는 키 큰 소나무가 넘어졌다. 잎 떨어진 나뭇가지는 안간힘을 쓰며 연초록 잎사귀를 내밀고 있다. 나만 아픈 게 아니라 산천초목이 앓고 있었다.

해안도로로 쉬다 걷기를 반복했다. 비탈진 언덕 위에 서자 제자리를 지키는 자잘한 섬들은 그 자리 그대로다. 오랫동안 눈에 익은 풍경들, 질서정연하게 줄을 맞춰 보기 좋게 떠있던 가두리어장들은 실타래 헝클어진 것처럼 태풍의 흔적을 드러내고, 파도 타는 갈매기들 놀이터가 되었다. 바람 한 자락 불어와 콧등에 땀방울 식혀주었다.

하늘과 바다를 바라보며 펑퍼짐한 바위에 앉아 무채색으로 변해버린 산과 들을 둘러보다 생경한 풍경에 이끌렸다. 나뭇가지 사이로 나비 떼가 날고 있었다. 서늘한 가을에 웬 나비? 궁금증에 마른 풀숲을 헤집고 들어가 보니 나비가 아니고 초봄에 피는 개복숭아 꽃이었다. 모질게 몰아붙인 태풍에 뿌리째 뽑혀 삐딱하게 넘어진 나무다. 생명의 강인함을 익히 알지만 말로서 표현을 못할 정도로 경이로웠다. 나무를 바로 세워보려니 뿌리 몇 가닥 땅기운으로 지탱하는데 그마저 빠져버릴 것 같아 주변 흙을 파 덮어주며 다독거렸다.

"살아줘서 고맙다. 힘들어도 끝까지 살아보자."

마시다 남긴 물을 부어주면서 속삭였다. 그 말은 어쩌면 나에게 힘을 주는 말이기도 했다. 뿌리째 뽑혀 언제 죽을지 모르는데 좌절하지 않고 꽃을 피우는 나무를 보며 나는 왜 속수무책으로 있었던 것일까. 나보다도 정작 남편이 더 힘들었을 텐데…. 모두를 힘들게 했던 시간들이 후회스러웠다. 집으로 돌아오는 발걸음이 빨라졌다.

강인한 생명력에 용기를 내던 그때처럼, 오늘도 위로를 받는다.

이태 전이었다. 욕지도에서 참다랑어 양식에 도전하여 큰 손해를 봤다. 다랑어 습성도 모르면서 의욕만으로 수천여 마리 치어를 수입했다가 겨울을 넘기지 못하고 모두 죽었다. 비싼 수업료를 지불한 경험으로 용기 내어 찾아온 제주도이다. 다랑어치어를 구입하여 제주에서 겨울을 넘기고 수온이 올라가는 사오월에 이동할 계획이다.

찰나에 핀 봄꽃들이 또 다른 희망 한 줌 보태준다.

불편한 약속

'보험료 미납이니 0일까지 납부하시기 바랍니다.'

보험공단에서 연락이 왔다.

"그 사람들은 근로계약을 무시하고 떠났어요."

고용보험은 근로자의 실직 이후를 대비하는 사회보장적 제도이다. 문제가 되는 고용보험료는 해당 외국인 근로자의 무단이탈로 인해 사업자인 우리로서는 보험료를 낼 이유가 없어졌다. 보험담당자에게 상황을 설명해도 납부하라는 문자를 자꾸 보낸다. 외국 근로자들을 입국시켜 데려오는 경비도 만만찮다. 최소한의 숙련기간도 고려하지 않고, 채용 즉시 산재보험료와 고용보험료를 발생시키는 악법(?) 좀 고쳐달라고 사업주의 애로점을 말해도 소용이 없다. 고용노동부, 근로복지공단, 한국고용정보원 약속이라도 한 듯 판에 박힌 대답만 한다. 벽을 느낀다.

국내 어디든 가슴 뛰는 현장이 사라졌다. 대기업과는 다르게 중소제조업체나 농·축·수산업 현장에는 인력난이 극심하다. 탈출구는 오로지 '외국인력 고용센터'에 의존해 외국인 근로자를 배정받는다. 고용노동부에 따르면 외국인 근로자들은 처음 일을 시작한 업체에서 3년간 근무해야 한다는 게 비자 발급의 조건이고 사업주와의 약속이다.

'입사한 업체의 휴·폐업이나 사업주의 폭언, 임금 체불 같은 불가피한 사유가 있을 때 이직할 수 있다. 직장을 옮길 때는 사업주의 동의를 얻어 근로계약을 해지하고 다른 사업장으로 갈 수 있다.'고 법으로 명시되어 있지만, 문제는 현장에서 이런 약속이나 원칙이 통용되지 않는다는 것이다.

지난해, 동티모르 국적 근로자 3명이 어장에 왔다. 지난 수년간 착실하게 일하는 동티모르 출신 옥타브는 우리나라 근로자들보다 일하는 능력도 탁월하여 급료를 많이 받는다. 그를 믿는 마음으로 동티모르 근로자들을 신청했다. 사람마다 개성이 있고 성향이 다르다는 것을 알지만 옥타브의 성실함을 수년간 봐왔던 지라 스물댓 살 되는 청년들이 반가웠다.

하지만 그들은 오자마자 월급 운운했다. 언어도 통하지 않고 숙련기간도 없는 그들의 요구불만은 한두 가지가 아니었다. 역시, 염려했던 것처럼 어장 분위기를 흐려놓기 예사였다. 몸이 아프다며 병원 간다고 육지로 드나들더니 한 달여 만에 두 녀석이 여권이며 소지품들을 그대로 두고 밤중에 도망쳤다. 직원 예닐곱 손 맞춰 일하다가 두 명이 빠져버리니 능률이 떨어질 수밖에. 심지어 출입국 경비까지 부담해가며 귀한 몸 모셔왔는데 손해만 잔뜩 남기고 가버렸다.

외국인고용은 신청 단계도 쉽지 않다. 주방시설과 잠자는 방에 침대가 있는지, 욕실 샤워기와 좌변기 구비 여부 등등. 세세하게 사진 찍어 실태조사서에 첨부해서 보낸다. 그렇게 신청하여 몇 개월 목이 빠져라 기다렸다가 들어온 근로자들은 한두 달, 아니면 6개월도 안되어 떠나버린다.

그들은 한국에 먼저 들어와 있는 친인척이나 친구들이 있는 업체를 목표로 들어온다고 했다. 그렇게 한국입국을 도와주고 소개비를 챙긴 알선 브로커들이 이번에는 여권과 서류를 다시 만들어 다른 곳에 이직시키고 소개비를 챙긴단다. 이런 식의 형태가 외국인 근로자들 상대로 공공연하게 일어나고 있다. '동물의 털 속에 박혀 피를 빨아먹고 사는 가분다리* 같은 사람들'이 있는 한, 선의의 사업주들은 경비 날리고 사람 잃고…. 악순환이다. 외국인 인력고용센터에서 특단의 조치를 내놓지 않는 한, 그들의 첫 사업장은 영원한 징검다리요 봉으로 남을 수밖에.

두어 달 전, 기관에서 '고용 관련 애로점의 실태' 청문회가 있었다.

“제조업체 인력난 대책으로 국내 청년들과 외국인 근로자를 늘리겠습니다.”

“우리나라 청년들은 언젠가부터 일하지 않으려합니다. 정부에서 청년자금을 주고 있으니 십 년 후의 자기 모습을 볼 줄 모릅니다.”

“또 하시고 싶은 말이 있으면 계속하세요.”

“종일 집에서 뒹구는 청년이 있어 어장에 나오라고 했더니 ‘내가 어장에서 일할 사람으로 보이냐?’고 되묻는데 참 황당했던 적이 있습니다. 정부에서 청년 일자리를 창출하겠다지만 일하지 않으려고 하는데 무슨 소용입니까? 또 외국인 근로자를 아무리 들여와도 중간 알선책들 장난으로 이직해버립니다. 특단으로 단속하지 않은 한 불편한 약속은 계속될 것입니다.”

사업장을 운영하면서 그동안 하고 싶어도 못했던 말과 형평성 없는 실상을 전달했다. 먹거리 생산하는 농·축·수산업과 중소기업에서 몸으로 노력하고 땀 흘리는 일은 청년들이 아니다. 중장년층의 몫이 돼버린 안타까운 현실과 답답한 상황을 타개해야만 미래사업이 보장될 것이라는 의견에는 모두가 고갤 끄덕거렸다.

불편한 약속들이 어떻게 변화될지 기대가 된다.

*가분다리: 살인 진드기를 경상도 지방의 방언.

새벽은 밤이 지나야

밤하늘에 보름달이 바다에도 둥글게 떠 있다. 일렁거리는 한 줌의 갯내가 둥글게 퍼지면서 비릿하다. 시도 때도 없이 국지성 장맛비에 칠월이 흔들리더니 오늘 밤은 또 다른 세상인 듯하다. 창을 열어 놓고 저 달 곁에 가만히 앉는다.

최선을 다해 성실하게 살아왔다고 나름 자부했지만 그것이 내 삶을 짓누르고 있다는 것을 알지 못했다. 두어 달 전부터 꾸준하게 팔리던 다랑어어장에 빨강 신호등이 켜졌다. 후쿠시마 오염수로 인하여 생선을 잡는 어민들도 기르는 어민들도 수입은 반 토막이 났다. 바다에서 한 백 년쯤 살 것처럼 열정을 쏟던 그의 표정도 어두워지고 웃음기가 사라진다.

'사슴을 쫓는 사냥꾼은 산과 들을 볼 줄 모른다.'

어느 경제 신문에서 읽은 글 한 줄이 머리에 스친다. 사슴만을 겨냥해 허겁지겁 쫓다보면 큰 산과 들판을 보지 못한다는 말일 것이다. 눈앞의 이익보다 조금 천천히 멀리보고 큰 그림을 그리자고 서로 주고받은 말들이었지만 말처럼 쉽지 않다.

바다는 지구면적의 절반 이상이 미지의 영역으로 남아 있는 곳이다. 바다와 자연은 불가분한 관계로 자원은 무궁무진하다. 마르지 않은 화수분 같은 바다를 보듬고 좀 더 진취적으로 살자는 말로 또 한 번 다독거린다.

일본 원전 오염수 방류 때문인지, 일본에서 참다랑어를 수입해가던 중국이 방향을 선회하여 우리 어장을 둘러보고 청사진을 펼치고 있다. 힘든 시기에 하늘이 내려준 기회인 듯 반가웠지만 판매할 큰 다랑어가 없는 답답한 현실이다.

수출은 공급량이 일정해야 할 판인데 그 재작년 여름, 국립수산과학원에서 국내 참다랑어 양식산업의 경쟁력의 일환으로 수정란 채취 연구를 우리 어장에서 하겠다며 협조를 요청했었다. 조건 없이 다랑어 가두리 3개를 빌려 주었다. 그때 수정란 채취 과정에서 수백 마리가 죽었다. 그런 가운데 또 작년에는 태풍이 지나가면서 그물이 찢어지는 사고로 수백 마리가 유실되는 크나큰 공백으로 이어졌다. 지금 가두리 속의 천여 마리 다랑어들은 올 연말쯤이면 7~80kg 자라지만 100kg이상 키워야 생산의 덧셈이 형성된다. 누구에게 말할 수 없는 불편한 속내는 수출할 물량이 없다는 것이다. 어쩌겠는가. 마음을 내려놓아야만 편안해지고, 겸허히 받아들이고 물처럼 흘러가자는 위로밖에 할 수 없는 현실이 안타까울 뿐이다.

반세기 넘도록 바다 사업을 했지만 언제 쉽고 녹록했던 적이 있었던가. 가마솥에 켜켜이 쌓인 녹물을 닦아내듯, 불 꺼진 아궁이에 성냥개비 하나로 다시 그 불을 지필 수만 있다면 어떤 것을 마다할까. 과거는 되돌릴 수 없기에 속앓이만 계속된다. 남다른 열정으로 도전과 투자에도 늘 일희일비가 뒤따라 왔지만, 꿈을 포기하지 않은 눈빛은 영혼처럼 반짝거린다.

그런 열정에 답이라도 하듯, 지난달에 경남도지사와 관광부서 업무담당 일행까지 욕지도 다랑어어장을 다녀가는 일이 있었다. 통영과 욕지도, 관광특구를 만들겠다는 희망석 여지를 주고 갔지만 앞으로의 갈 길에 어떤 변화가 찾아올지 아무도 모르는 일이다. 그동안 메아리 없는 몸부림이 누군가의 귀를 열게 했는지. 올해부터 해양수산부에서도 양식용 쿼터를 받을 수 있게 되었다. 오랫동안 제주 근해나 동해에서 다랑어치어가 잡혀도 쿼터제도에 가로막혀 그 비싼 치어들이 모조리 헐값에 사료공장으로 들어갔었다. 모순도 이런 모순이 있어서 될 일인가. 근해에서 잡히는 치어를 두고도 양식용으로 잡을 수도, 키울 수도 없었다. 이제는 해류 따라오는 다랑어치어들을 우리 가두리를 가득 채울 것이라는 기대로 한껏 부풀어진다.

"여기까지 왔는데, 희망의 씨앗을 뿌리지 못하고 이대로 주저앉으면 너무 억울할 것 같다."

가슴 속 뜨겁게 일렁거리는 불씨를 마저 태우고 싶은 그의 눈빛을 보면서 고갤 끄떡거린다. 가장 중요한 때는 지금이라 했으니 과거도 미래도 내 것으로 만들 수 있을 때, 또 한 번 마음껏 미쳐보라는 말로 그에게 힘을 보탠다.

해류를 따라 북상하는 다랑어치어를 쿼터양만큼 잡아 가두리에 넣어 키우고, 침체된 수산물이 시간을 다투어 활기를 찾을 수 있기를…. 저 달을 보면서 부푼 야망을 품는다.

새들의 응원

멧새들이 맑은 아침을 깨운다. 갈매기들도 비릿한 갯내 한줌 물고 작업선 위로 낮은 날갯짓이다. 선하품으로 피곤을 풀어내며 바다로 향한다. 하루 실습도 아니고 반나절 배운 기술로 급조된 남편의 크레인 운전에 위태위태한 하루가 시작된다.

"낼부터 수월해질 테니 빨리 끝내자."

자신감 있는 목소리에 낚싯대도 크레인도 일사분란하게 움직인다. 열, 스물….

"잡았다. 당겨라."

"에구구 뭐하는 거요? 위로 당겨 올리라고 하는데 바깥으로 밀면 어떡해요!"

미끼를 문 다랑어를 크레인으로 잽싸게 낚아채 올려야 하는데 기계작동이 헷갈려서 반대쪽으로 밀어내는 그에게 날카롭게 소리친다. 그러다 순간 기절한 다랑어가 바다를 떠나는 마지막 몸부림인지 세차게 버둥거렸다. 두께 3㎜ 지름 5㎜ 원통 쇠파이프로 만든 대형 낚싯대가 100㎏이 넘는 무게를 못 이겨서인지 90°로 휘어졌다. 죽음을 직감한 다랑어의 필사적인 몸부림이 긴장감을 극대화 시킨다. 그 바람에 입에 물었던 낚싯바늘이 제풀에 빠지고 다랑어는 둥근 가두리를 박차고 나갈 듯이 주둥이를 꼿꼿하게 세우고 발버둥을 쳤다.

"어! 어! 저거 우짜노. 핫갓작대기* 빨리 빨리…."

허둥거리는 사이에 다랑어는 가두리 가운데로 깊게 들어 가버린다. 지름 25m 넓이인데 3m정도 짧은 작대기가 가당키나 할까. 일손이 부족해지자 진두지휘만 하던 그가 직접 크레인을 잡은 탓이다. 크레인 초보 운전이 쉬웠을까만 며칠 동안 잘했는데 실수가 생겼다. 더 이상 어떻게 잘할 수 있을까라고 이해하면서도 짜증이 났다. 낚시를 물었던 다랑어는 순간 전기를 맞았기에 물밑으로 들어가도 살지 못한다. 스쿠버 다이버가 출동하고 낚싯대 수리하는 시간이 하염없이 지루하다. 아침에 왠지 작업이 순조롭지 않을 것 같은 예감이 들더니…, 역시다. 다랑어가 낚싯바늘을 뱉었기 망정이지 만약 그냥 물고 물속으로 들어갔더라면 대형 사고가 생길 뻔했다.

작업 첫날에는 일손이 척척 맞았다. 고등어 열댓 마리 흩뿌려 던지는 사람과 고등어 한 마리 낚시에 끼워 던지는 사람,

다랑어가 낚시를 물었을 때 전기를 넣고 순간 기절 시키는 사람, 다랑어 꼬리에 줄로 묶어 주는 사람과 크레인으로 들어 올리는 사람, 다랑어 낚시 후의 즐거움을 아는 갈매기까지…. 모두 일사분란하게 움직였다. 그런데 둘째 날부터는 손발이 맞지 않고 삐걱거렸다. 포장하는 팀과 낚시하는 팀을 나눠다보니 일하는 사람이 반으로 줄어든 탓이다. 하루 인력들을 구해왔지만 갯일을 해보지 않아 서툴기 짝이 없으니 애당초 손발이 맞을 리 만무다.

바다 위 하늘은 두 배로 넓고, 태양은 둥근 가두리마다 하나씩 그네를 탄다.

덥다. 날씨마저 다랑어들과의 이별의식을 뜨겁게 해주고 있다. 후덥지근한 날씨와 허둥거리던 며칠 일들은 한세월 지난 후, '그때 그랬었지.' 웃음으로 이야기 할 테지. 비를 머금고 올라간 습도와 서툰 사람들과 일하기가 쉽지 않은 후덥지근한 시간이 흘러간다. 모자를 벗어 부채 대신 땀을 식히며 자기의 실수를 미안해하는 그를 바라본다. 나는 앙칼지게 소리친 것이 미안해 생수 한 병 입에 부어주는 서비스를 한다.

바람결 따라 동글동글 잔물결이 상쾌하게 밀려온다. 한낮의 따가운 햇살은 선선한 바람에 힘을 잃고 검붉은 구름과 섬 사이에서 일렁거린다.

"얼릉 마무리 하자. 늦었다."

낚싯대 고쳐온 그의 우렁찬 목소리에 배 선미에서 졸고 있던 갈매기 떼들도 놀란 듯 훅 날아오른다. 낚싯바늘도 큰 것으로 바꿔 끼우고 낚싯대가 던져진다. 배고픈 다랑어들은 흩뿌린 고등어 만찬을 즐긴다. 허둥거린 실수가 있었지만 작업물량을 채운다. 모두들 하나의 몸짓으로 무사히 끝난 작업에 웃으며 일손을 놓는다.

이번에 낚아 올린 참다랑어들이 '통영 욕지도 참다랑어' 이름표를 달고 전국에 분포되어 있는 E마트에서, 참다랑어 초여름 행사(Bluefin Tuna Early Summer Event)를 하고 있다. 냉장탑차에 실어 목적지로 보내면 우왕좌왕하던 일정들이 모두 끝난다. 하루의 물량을 맞추기 위해 며칠간 허둥거리고 힘들었지만, 조금은 아쉽고 어렵게 시작했던 출발이 결과가 좋아 기쁜 마음 두배다. 매순간 복잡하게 일렁거리던 초조함은 모처럼 여유로 다가온다.

북새가 낀 하늘이 바다까지 주홍빛으로 물들인다. 쉼이 주는 시간, 앞산에서 멧새들이 힘내라고 소리치는 것 같다. 갈매기들도 날개를 접고 가두리 위에 동그랗게 줄지어 앉아 낮은 소리로 구구구 꾸르륵…. 응원을 보낸다.

*핫갓작대기: 갈고리가 있는 장대.

4.

선물이 된 사람

생솔가지 태우는 날

봄이 멀지 않은 듯, 창문을 열어도 바람이 차지 않다. 전깃줄에 까치 두어 마리 앉아 꽁지 까딱이며 인사를 한다. '반가운 소식….' 기대하는 아침이다.

까치소리와 밥솥에서 칙칙 밥 익는 소리가 여느 날과 똑같다. 부엌에서 식사 준비를 하는데 어디선가 전화가 온다. 전화를 받는 남편의 목소리가 심상치 않다. 귀 세워 듣지 않아도 주고받는 몇 마디에서 불안한 상황을 알게 된다.

"또 무슨 일?"

"어판장에서 다랑어 서너 마리 경매하고 있단다."

욕지 근해에 있는 정치망*에서 100kg짜리 큰 다랑어가 잡혔다면 필시 우리 양식장 사고가 분명하다. 다이버를 소집하고 직원들에게 그물확인을 시키는 그의 불편한 모습을 본다.

제발, 몇 마리로 끝날 수 있기를….

창가에 앉아 눈은 사금파리 뿌린 듯 햇살 빤짝거리는 바다를 바라보고 있어도, 거뭇한 파도가 출렁거리는 물밑의 정경이 그의 머릿속을 채우고 있을 것이다. 집안 공기가 무겁다. 짓누르는 불안을 접고 애써 아무렇지 않은 척 주섬주섬 밥상을 차린다.

"내가 지금 밥맛이 있겠소?"

아량 없음을 탓하며 애꿎은 눈을 흘긴다. 당연히 입안이 소태 씹은 듯하겠지만 한술이라도 떠보라며 밥숟갈을 집어준다. 마지못해 밥상 앞에 다가앉는 그를 바라보니 가슴이 저리다. 어디선가 생솔가지 태우는 매운 연기가 코끝을 따갑게 한다. 훅 숨이 막힌다.

시도 때도 없이 숨 막히는 일들이 불쑥불쑥 불거질 때면 어이없고 기가 찬다. 그물사고의 손실은 방법이 없다. 바다로 빠져나간 다랑어는 그 숫자가 많든 작든 우리 책임이기에 온전히 스스로 감당해야 한다. 급박한 상황이 닥칠 때면 시간이 해결할 수밖에. 그럴 때는 하루 이틀, 그가 먼저 말문을 열 때까지 조용하게 기다린다. 그냥 옆에만 있어줘도 위로가 되리라 믿으면서.

자잘한 사고에 익숙해졌는지, 아니면 자기최면으로 견디고 있는 것인지 잠시 시간이 흐르자 담담하게 마음정리를 하는 듯

하다. 천장만 바라보고 있으면 속이 꺼멓게 탈 텐데…. 차려입고 어디론가 나간다. 애타는 심정을 내게 숨기고 싶은 것인지도 모르겠지만 다행스럽다. 횅하니 바람 쐬고 돌아올 때쯤이면 마음이 편안해져있기를 바란다.

바다에는 무한희망이 있고 그 안에 무지개의 화려한 빛으로 꿈을 꿀 때가 있다. 꿈으로 시작하여 삶으로 꽃피울 수 있기를 바라지만 어디 세상사가 생각처럼 녹록하던가. 아침에 일어난 사고처럼 답이 없고 그림자만 쫓아갈 때가 종종 있다. 뒤를 따라오는 암울한 그림자 때문에 등 뒤가 서늘해질 때, 그럴 때는 마음이 상하지 않을 정도로 소금에 절였다가 건져내기도 한다. 수십여 년 간 소금단지 속에 청춘을 저당 잡히면서 살아왔기에 버릇이 생긴 것 같다.

바다사업은 늘 조바심이다. 계절 변화에 따라 농사의 때가 있듯, 바다 사업도 과정이 있고 시기가 있다. 치어구입 방법을 알고, 그물을 살필 줄 알고, 날씨와 해류의 흐름을 보는 눈이 있으면 양식업 절반은 완성이다. 여기에 시간과 도전, 경험과 돈이 투자되고 실패를 두려워하지 않는 열정만 있으면 전문적인 양식어업인이 될 수 있다. 바다사업은 겸손하고 부지런해야 한다. 자연을 신앙처럼 섬길 줄 알아야 하늘과 바다에서 대답을 듣게 된다. 불변의 진리이다.

바다, 남다른 이상으로 블루오션을 꿈꾸었으나 막상 회오리 바람 지나간 뒷골목처럼 썰렁할 때가 있다. 다랑어를 크게 키워도 판매가 부진하거나, 오늘처럼 그물 사고가 생길 때는 '본전 생각'이 절실하다. 남들처럼 수월하게 살아가면 좋겠다는 생각들이 나를 외롭게 또 궁색하게 할 때가 있다. 지금은 그냥 무탈하게 지나가기만을 바랄 뿐이다.

누가 시킨 일도 아니다. 그가 선택한 길이다. 다랑어 양식사업으로 남다른 능력도 발휘했고, 양식업계 어딘가에 이름 석자도 영광스럽게 남아있으리라. 양식업 최고점을 향하여 남들과 다른 도전으로 성공도 향유해 봤으니 오늘은 한 박자 쉬어가자고 말하고 싶다.

'어제의 선택으로 오늘이 있고, 오늘 선택으로 내일이 있으니 작은 선택에도 최선을 다 하도록 하소서.'

생솔가지 태우는 코끝 아린 메케함이 사라지고, 봄을 불러오는 까치소리 청아하게 듣는 내일을 맞이할 수 있기를 바란다.

*정치망: 연안에 고기 떼가 지나가다 걸리게 하는 자리그물.

선물이 된 사람

한숨소리에 잠이 깼다. 3시 넘어서는 새벽이다.

"무슨 걱정 있어요?"

이마 위로 오른팔이 올라가 있다. 자는 척해도 평소 걱정거리가 많을 때 나타나는 그의 습관이다. 기척을 알아차린 눈꺼풀이 파르르 떨린다. 평소에는 초저녁부터 잘 자던 사람이 또 무슨 고민이 있기에 이 시간까지 잠 못 드는 걸까. 한 이불 밑에서 다른 꿈을 꾼다는 말이 있듯이 혼자의 시간이 필요한 모양이다. 먼저 이야기 할 때까지 기다려보기로 한다. 그러다 말고 한마디 건넨다.

"당신은 지금 덤으로 살고 있으니 걱정 말고 주무셔요."

그 말이 위로였는지 고른 숨소리가 들린다. 다행이다. 동짓달 열아흐레 달빛이 창으로 들어와 그의 얼굴을 비춘다. 환한 달빛을 바라보니 가슴 졸였던 4년 전, 마음의 준비를 해야 했던 그때가 스친다.

심장 수술. 수술순서가 첫 번째라면서 남편과의 짧은 눈인사가 끝나기도 전에 수술실 철문이 닫혀버렸다. 교회와 성당, 법당이 있는 지하실 끝 기도실을 찾았다. 마음 둘 데 없어 어둑한 법당에 앉아 펑펑 울었다. '신! 神이 계시다면!' 기적이 일어나주길 한 가닥 희망을 붙들고 어두침침한 지하 복도를 오가기 수차례 반복했다. 전광판은 여전히 '수술 중'이었고 시간은 아주 느리게 움직였다.

"수술 잘 되었습니다."

9시간이 지나서야 나온 의사가 의무적이고 프로답게 말해주곤 바람처럼 사라졌다. 마취가 깨어나고 중환자실 문이 열렸다.

"당신 때문에 견뎠다."

주렁주렁 링거 줄에 감겨서 누워있는 그는 분명 환하게 웃고 있었다. 살아줘서 고마웠다. 하루 두 번의 면회 시간 10분. 몇 마디 말이 없어도 좋았다. 중환자실 밖에서 쪼그리고 앉아 밤을 밝혀도 수술 잘 되었다는 것에 감사하며 아침까지 거뜬하게 기다릴 수 있었다. 그렇게 하루해가 질 무렵 담당의사가 불렀다. CT 촬영 판독을 보니 심장 우회로 연결된 혈관 하나가 막혀있다며 재수술을 해야겠으니 결정하란다. 수술 하루 만에 또 수술이라니….

오진일 수도 있겠지만 어쩌겠는가. 가슴뼈와 뼈끼리 붙어버리기 전에 빨리하는 게 좋다고 생각해 수술한 뒷날 밤, 바로 수술실로 들어갔다.

재수술.

다시 밖에서 초초하게 기다릴 수밖에 없었다. 병원 창가로 높게 걸린 달을 그저 바라보고 있을 뿐 아무것도 할 수 있는 일이 없었다. 달빛 스며드는 병원 계단에 앉아 울기만 했던 시간들이 느리게 지나갔다. 첫 수술보다 시간은 빨리 끝났으나 중환자실에서 다시 본 그의 얼굴은 가을 비바람에 떨어진 나뭇잎 같았다. 몰골이 말이 아니었다. 하지만 사람 모양새가 얄궂으면 어떤가. 살아있다는 것만으로 기뻤다. 재수술 3일 후, 중환자실에서 일반 병실로 옮겼다.

남편은 그렇게 선물처럼 내게로 온 사람이다. 다시 들풀처럼 살아 일어선 그는 통영 앞바다에서 특별하고 남들이 생각하지 않는 특수성이 있는 참다랑어 양식을 성공시켰다. 무엇을 더 바랄까. 아무도 걸어가지 않은 길 위에 청춘을 바쳤으니 외롭고 외로웠을 테지. 가득 채우는 것보다 이젠 비워야 한다는 것을 누구보다 잘 알고 있다. 붉게 물들어가는 서녘 바다처럼 언젠가 참다랑어 어장을 완벽하게 마무리하는 바람으로 고민한다는 것을 안다.

수십여 년, 기르는 기술과 바다를 동고동락한 책임자와 형제들이 실망시킬 때, 해야 할 일을 모른 척하고 자기들의 욕심만 채울 때는 인내심이 필요하다. 걱정거리는 끝이 없고 대신 해줄 수가 없을 때는 그냥 조용히 기다린다. 왜 밤잠 설치고 고민하는지, 그 이유를 알기에 옆에서 기다려주면 된다. 그는 덤으로 삶을 살고 있으니.

욕심보다 더한 불길 없고
성냄보다 더한 독이 없으며
몸뚱이보다 더한 짐이 없고
고요보다 더한 즐거움 없다.

『법구경』의 가르침을 마음에 새기는 새벽이 푸릇하게 깨어난다. 두세 시간 지나면 그는 일어날 것이고, 어제와 다른 오늘을 맞이할 것이다.

따뜻한 차 한 잔 마시면서 왜 잠 설치고 고민하는지 속엣말을 할 테지.

'당신은 이 자리까지 온 것만도 특별한 선물이니 아무 걱정하지 말고 흘러가는 물처럼 살아요.'라고 말하면 무심한 얼굴로 고개 끄덕거리겠지.

섬마을 콘서트

오늘은 욕지도가 축복 받은 날이고, 백건우 선생의 음악성찬이 있는 날이다.

붉게 내려앉은 노을이 둥근 가두리마다 벌겋게 물들어가는 해질녘이다. 세계적인 피아니스트 거장 백건우 선생이 피아노 한 대를 벗 삼아 홀로 무대에 앉았다. 근사한 콘서트홀이 아니고 좁은 선창에서 피아노 연주를 한다. 갈매기 울음소리와 파도소리만 들리는 갯가에서 귀가 호강하는 이 횡재를 그냥 지나치면 안 된다면서 며칠 전부터 설레는 마음으로 배편을 예약해 두었다.

욕지도 막배는 4시 30분이며 끝난다. 늦은 오후에는 배가 없기에 통영시에서 특별하게 배편을 마련해주었다. 여객선은 욕지도로 향했다. 어디서 소식을 들었는지 선창에는 많은 사람들이 기다리고 있었다. 50여 분 가는 여객선은 빈자리가 없었을 정도로 사람들이 꽉 찼다. 갈매기 떼는 섬마을을 찾은 이들에게 어서 오라며 길 앞까지 마중 나왔다. 욕지도 도동항 선창, 낡은 스피커에서 잔잔한 피아노 선율이 파도처럼 넘실거렸다.

"야이 사람들아! 섬 내려앉것다."

어느 할머니의 말처럼 지정석이 없는 이 기상천외한 야외 음악당에는 수많은 사람들이 돌 틈 사이에 앉고 섰다. 통영과 욕지도 잇는 큰 배(차도선)를 탄 사람들도, 바닷길 트는 작은 섬들도 술렁거렸다. 솟대들이 버티고 있는 포구에는 그냥 어울림이 좋아 찾아온 이들도 있을 것이고, 자신만의 합리적인 이유를 붙여놓고 듣는 즐거움과 느낌이 좋아 먼 길 마다하지 않고 찾아온 이들도 있을 것이다.

남해 쪽으로 길게 누운 붉은 노을은, 다랑어가두리 안에서 사금파리처럼 빤짝거렸다. 마중 나왔던 갈매기 떼들도 피아노 선율을 감상하기 위해 가두리 난간에 줄지어 앉아 날개 접었다. 어스름이 이슬처럼 내리고 건너편 선창 길 따라 건반 위의 구도자가 키 큰 그림자를 뒤로하고 걸어왔다.

산 능선을 타고 넘어오는 푸른 달빛은 크나큰 악보처럼 펼쳐졌다. 작은 섬과 파도는 부드럽게 울려 퍼지는 피아노 건반이 되었다. 우수에 젖은 듯 피아노 건반을 두드리는 백 선생의 손놀림을 가까이 보기 위해 피아노가 내려다보이는 돌담 사이에 자리 잡은 것도 내게는 행운이었다. 오늘은 섬이 축복 받았지만 내 귀도 한 뼘이나 길어지는 날이었다.

클래식을 알면 삶이 풍부해진다고들 했다. 그러나 클래식을 이해하기란 쉽지 않았다. 어떤 실체가 없이 색감과 형태로 표현하는 비구상 그림이나 철학적 논증이 강한 글은 작가가 무엇을 표현한 것인지 알아내기 쉽지 않을 때가 있다. 작가가 어떤 이야기가 하고 싶은 것인지 잘 모를 때는 자기감정에 충실하게 눈에 보이는 그대로 이해하면 된다고 생각한다. 문학과 그림 그리고 모든 예술 장르가 마찬가지 아니겠는가.

파도 속에 흔들리는 배를 보고 곡을 썼다는 쇼팽의 '뱃노래', 달빛이 물에 흔들리는 조각배와 같다는 베토벤의 '월광'을 알고 찾아 온 팬도 많이 있을 것이다. 슈베르트, 베토벤 이름은 몰라도 가슴으로 선율을 느끼고 몸으로 알아듣는 팬도 있을 것이고, 클래식음악을 이해 못하면서 어울림이 좋아 온 사람도 있을 테지.

달 밝은 밤, 베토벤, 그리고 월광!

피아노 건반 따라 출렁거리던 파도가 환한 달빛 아래 춤출 때 잠시 눈을 감고 지나간 추억 뒤안길을 더듬었다. 사십여 년 전 여름밤, 오늘처럼 달이 밝았다. 낯선 청년 앞에서 '라노비아(La Novia)' 번안곡, 슬픈 사랑의 노래를 부르던 밤이 함께 출렁거린다. 그때의 만남으로 한 획을 긋고 지금껏 인생 동반자가 되었다. 섬 사이로 길게 내린 상아색 달빛과 피아노 음률에 취해 옛 추억에 잠시 젖어본다.

'오늘 아름다운 밤이에요.' 어느 가수가 말했듯이 칠순 노장이 준비한 음악 성찬에 포만감이 가득한 밤이다.

갯가에 사는 사람들이 백건우 선생 콘서트를 또 언제 볼 수 있을까? 연평도, 위도, 욕지도 섬마을을 순례하며 음악을 전하고 소박한 정을 나누고자 하는 선생의 순수마음에서 시작된 것이라고 하니 정말 고마웠다.

동양의 나폴리이자 거장 윤이상 선생의 고향인 통영에서 세계적인 음악가들이 자주 찾아와 연주할 수 있기를 기대해보는 밤이 깊어간다. 보약 한 첩 공짜로 얻어먹고 돌아오는 밤배는 느긋하다. 구름을 타고 따라오는 푸릇한 달빛도 아름답다.

뿌듯함이다

"아! 오늘 아침 이 기분은 뿌듯함입니다."

'이상한 변호사 우영우' 드라마에 나오는 대사다. 자폐를 가진 장애인 주인공이 정규직 변호사로 자리잡아가는 과정을 그린 성장 드라마다. 회전문조차 혼자 통과하지 못하던 그녀가 어느 날, 두려움을 극복하고 회전문을 밀치고나온다. 자신의 당당함을 사랑하는 사람 앞에 서서 '오늘 아침 기분은 뿌듯함입니다.'라고 말한다.

기쁨이나 감격이 마음에 가득 차서 벅차다는 단어가 '뿌듯하다'이다.

내가 그랬다. '제26회 한국해양문학' 최우수!

벅찬 축하를 받던 날, 주변에서 쏟아지는 칭찬이 많이도 낯설었다. 지금껏 글을 쓰면서 이렇게 칭찬을 받아본 적이 없었다. 여러 매체에서 좋은 평으로 기사를 올려주었고, 주변 지인들의 축하 글까지 기분 좋게 정신없었다. 겨드랑이에 숨겨둔 날개가 슬금슬금 옷 밖으로 삐져나와 훨훨 날아갈 것 같고, 입가에 웃음이 벙글거렸지만 혹여 누군가에게 시샘을 받을 것 같아 뿌듯한 기분을 감추었다.

질문과 답이 있는 것 같고 생동감이 있는 환상적인 섬 욕지도. 시작은 그랬다. 오래전부터 바다에 탑을 쌓는 그의 도전을 바라보며 그 어디쯤엔가 답이 있을 것이라고 확신했었다. 하지만 자연이 주는 시계는 고장 난 것처럼 더디게도, 거꾸로도 돌았다.

배 한 척 없이 양식업을 시작했던 그 가난에서 벗어나기 위해 몸부림쳤다. 조금씩 바다가 답을 할 때쯤 시작한 참다랑어 양식. 마지막 자존감이라는 그의 도전을 모두가 현실과 동떨어진 꿈이라고들 말했다. 자욱하게 해무 낀 바닷길처럼 앞이 보이지 않을 때도 있었다. 점점 대담해지는 투자와 독창적으로 자리잡아가는 다랑어 양식은 더운 여름 새벽의 끈적거리는 안개처럼, 코를 거쳐 폐 속으로 훅 들어올 때는 몸이 땅으로 푹 꺼져들어가는 것 같았다. 그럴 때 그 거부감을 안으로 숨기며 견뎌야했다. 어느 때는 바다를 떠날 생각을 골똘하게 했던 적도 있다. 반복적인 도전에 불안한 편견도 극복해야했고, 바다를 붙들고 바다가 정해주는 법을 따라야만 했다.

'파멸은 있을지언정 패배는 하지 않는다.' 정신을 잃지 않으려고 몸부림쳐도 돌아오는 대답은 늘 한결같았던 시간은 그렇게 흘러갔다. 바다를 사랑한 자신감으로 세월의 흐름을 보여주던 남편을 지켜보면서 덩달아 대담해져갔던 사십여 년. 바다에서 나이 듦에 익숙해지는 과정이었고 많은 시간을 기다렸다. 그렇게 애태우던 욕지도의 하늘과 바다는 경계도 없이 불투명했지만 답을 조금씩 주었다. 살기 위한 노동이 영혼 없이 반복될 때, 나의 글쓰기는 하나의 도피처였고 몸부림이었다. 그 시간들이 오늘처럼 박수로 되돌아올 줄 상상이나 했을까.

긴 시간들, 고단한 과정과 기다림을 지켜보면서 쓴 수필 20편이 큰 수상의 자리에 오르게 했다. 최우수상이라는 연락을 받고 일주일은 온통 하늘과 바다가 퍼렇게 일렁거렸다. 머릿속에는 벌 수백 마리가 붕붕거렸고 가슴속에는 하얀 두루마리 휴지가 겹겹으로 말려있었다. 시상식에서 수상과 동시에 인사까지…. 커닝페이퍼를 준비했지만 단상으로 들고 가지 않았다. 즉석 인사말을 해야 할 때 내려다 본 객석에 앉은 손님들의 수백 개 눈은, 달뜨지 않은 캄캄한 밤바다의 인광*처럼 파랗게 반짝거리고 있었다. 그 눈빛을 내려다보는 순간 마이크 잡은 손은 겨울 된바람에 가랑잎 떨 듯 벌벌 떨렸고, 무슨 말을 어떻게 하고 마쳤는지 입안에 소금이 버썩거렸다. 박수소리에 마른 갈증과 떨림은 잠잠해졌다. 지인들과 아들네가 주는 꽃다발을 받고 아! 이 기쁨, 뭉클함, 후련함이었다. 잠시 자아도취에 빠졌던 시상식이 끝났다.

> 안녕하십니까.
>
> 갈매기 소리가 시간이 되는 통영 갯촌에서 왔습니다. 반갑습니다.
>
> 질문이 있고 답이 있는 바다. 바다에다 미래에 대한 질문으로 탑을 쌓기 시작한 남편의 끝없는 도전과 집념을 지켜보면서 쓴 수필로 '제26회 한국해양문학' 최우수상을 받게 되어 저 자신에게 더욱 의미가 깊습니다.
>
> - 중략 -
>
> 해양문학상 진행에 애쓰신 선생님들과 이 자리를 축하해주시기 위해 오신 분들에게 깊은 감사드립니다. 여름 한낮에 쏟아지는 소나기처럼 여러분들의 가정에 시원한 일들이, 웃는 일들이 많이 있기를 기원합니다. 오늘 정말 고맙습니다.

축하받던 뿌듯함도 십여 일 지났다. 내 안에 붕붕거리던 벌들도 모든 의미를 내려놓고 조용해졌는데도 긴장한 탓인지 감기몸살을 앓는다. 뼈마디마디가 아프다. 요즘 유행병? 덜컥 겁도 났지만 아니라고 하니 다행이다.

이순(耳順)의 마지막 여름을 지금부터 무심하게 보내려고 한다. 바다를 알아가는 글쟁이로 인정받고 싶어 노력도 했지만 이제부터 조금 느림도 괜찮지 않을까. 짧은 보폭으로 자신을 돌아봐가면서 천천히 걸어가고 싶다.

매미소리 약해지고 얼굴에 닿는 바람이 상쾌하다. 내가 나를 칭찬하는 아침, 드라마에 나오는 주인공도 내가 느끼는 이 기분이었을까? 시상식 동영상을 열어보면서 뿌듯함이라는 단어가 파도처럼 출렁거린다. 드라마 주인공처럼 목소리 톤을 높여본다.

"아! 오늘 아침 이 기분은 뿌듯함이다."

*인광: 그믐밤바다에서 파도나 돌, 모래 등의 자극을 받아 빤짝거리는 플랑크톤….

여행 갑시다

먼 바다를 지키고 선 등대처럼 뒷모습이 쓸쓸해 보인다.

"혼자 괜찮겠어요? 같이 갈까요?"

고개를 저으며 현관문이 소리 없이 닫힌다. 답답한 마음을 법(法)에라도 호소해야 되겠다며 집을 나서는 남자. 불편함으로 길 위에 선 그를 대문 밖까지 배웅한다.

지난여름, 참다랑어 수백 마리 떼죽음을 당한 사고가 다섯 달이 넘어가고 있다. 출하할 시기에 다름 아닌 해양수산부 연구원들의 실수로 중부지방 아파트 한 채 값의 피해를 입었다. 처음 사고 났을 때 '너무 큰 피해를 입혀 죄송하다'는 전화 두 번 하고는 지금껏 어떤 보상도, 대책도 없이 시간만 보내는 게 괘씸하다며 사고현장 사진들을 챙겨 나간다.

국내에서 참다랑어 양식이 상업적으로 성공했다. 유럽이나 일본에서 남방다랑어 양식을 하고 있지만, 차가운 바다양식은 세계적으로 통영 바다가 유일무이하다. 그 연유로 국립수산과학원 연구소에서 국내 참다랑어치어 배양산업의 육성에 필요한 수정란 채집을 위해 작년부터 우리 어장에 도움을 요청해 왔다.

작년여름, 첫 채집에서 연구원들은 좋은 성과를 거두지 못했었다. 하지만 가능성을 보았는지 올해 또 어장을 찾아와 수정란 채집을 위한 작업을 요청했다. 우리는 해수부와 불가분한 관계이기 때문에 어른 몸피보다 더 큰 다랑어 가두리 3칸을 조건 없이 빌려주었다. 바다를 연구한 과학자들이고 일본 긴키대학에서 참다랑어 완전양식교육을 받았다고 자칭하는 박사들, 남방 유렵을 다니면서 배양연구를 해보았다는 연구원들이기에 안심하고 맡겼다.

그들은 작년에 했던 방식과는 다르게 욕심을 부렸다. 바다의 환경과 온도 상승은 매년 달라지고 있는데도, 촘촘한 네트를 가두리둘레 지름 25m로 빙 두르고 수심 약 3m 깊이로 설치를 했다. 해류는 작년과 분명 달라지고 있다는 것을 그들은 모르지 않았을 텐데….

문제는 수심 깊게 설치한 월러거즈 때문이었다.

참다랑어는 다른 어종에 비해 대형 어종이고 연속적 유영이 빠른 물고기이다. 용존 산소량을 필요로 하는 생태적 특성과 자면서도 눈을 뜨고 헤엄을 친다는 다랑어들의 활동성을 고려하지 않았다. 코가 넓은 그물 밖으로 모기장처럼 코가 촘촘한 월러거즈가 해류의 흐름을 막아버린 것이다. 바람이 불어오는 길을 따라 해류의 흐름을 통과하는 기존 그물과는 달리 월러거즈는 물의 흐름을 막았다. 해류가 통과할 수 없었던 그물은 위로 부양했고 유영이 빠른 다랑어는 활동 면적이 줄어들고 산소 공급에 차질이 생겼다. 90~130kg이 넘는 다랑어들의 폐사 원인은 산소부족에 따른 질식사였다. 바다가 해류로 숨을 쉰다는 것과 모든 생물들이 해류를 따라 이동한다는 것을 모르진 않았을 텐데…. 바다를 연구한다면서 가장 기본적인 자연법칙을 그들은 몰랐을까?

농부의 발자국을 듣고 곡식이 자라듯, 일평생 바다에서 잔뼈가 굵은 어부는 영혼으로 관찰하는 남다른 눈과 귀가 있다. 바람의 방향만 보아도 해류의 흐름과 상태를 알아챈다. 바다가 삶의 목적이고 온몸으로 익힌 경험과 노련함이 도서관과 연구실에서 만들어진 논문 박사(博士)들과 어떻게 견줄 수 있다 말인가.

참다랑어 양식이 마지막 자존감이라면 집을 나서는 남편에게 '같이 갈까요?' 물었을 때, 무언의 표정으로 고개를 젓던 그는 다친 자존심을 아내인 나에게도 보여주기 싫었을 테지. 때로는 침묵이 힘이 될 때가 있기에 잘 다녀오라고 했지만 애쓰는 모습이 가슴 먹먹해진다. 법에 호소하겠다지만 손해 보지 않았던 시간으로 되돌아가지 않을 것이고, 또 우리가 열심히 내는 세금으로 봉급 받는 공무원들로 인하여 상처받을까봐 애가 탄다.

바다가 천직이라며 떠나지 못하는 그이를 바라볼 때면 두더지게임을 하는 것 같다. 전혀 생각하지 못한 곳에서 튀어나오는 두더지처럼 망치 끝에 매단 불안과 상실이 불쑥불쑥 고개를 내민다. 평생 바다를 사랑해 온 자신감을 잃어버리지 않기를, 하루속히 억울함이 물처럼 흘러가기를 기도할 뿐이다.

우리나라에서 처음으로 성공한 다랑어 양식이라 해양사고가 생겨도 보험과 보상판례가 없어 안타깝다. 전혀, 예상하지도 못했던 부주의로 인하여 엄청난 피해를 준 그들. 보상 해줄 능력이 없으면 미안하다고 사정했더라면 괘씸하지 않을 텐데…. 국과수와의 싸움은 막다른 벼랑길을 올라가는 것처럼 오랜 시간이 필요할 것이고, 법적 대응은 불 보듯 긴 싸움이 될 것임을 알기에 잠을 설친다. 잃어버린 자존감을 찾기 위해 노력하는 남편을 보면, 그믐밤 먼 바다에 홀로 선 등대처럼 외로워 보인다.

'손에서 놓으면 자유요, 손에 잡으면 노예가 된다.'는 말처럼 우리 재산이 안 되려고 이 일이 생겼으니 집착하지 말자고 해볼까? 지금 힘들지만 옛날에 더 힘들었던 때를 생각하고 무거운 짐 내려놓자면 화낼까? 이미 손해 본 시간은 지나갔으니 한 발자국 물러서서 여유를 가져보자면 어떨까. 우리 마음이 편안해질 수 있는 방법이 달리 없을 것 같아 온갖 말들을 궁리해본다. 해결방안을 찾아 고민하는 그를 보고 뜬금없이 여행가자고 한다면 버럭 화낼지 모르겠지만, 집에 오면 말해보련다.

"우리 여행 갑시다."

*월러거즈: 다랑어수정란이나 어린 치어가 빠져나가지 못하도록 치는 그물.

이 또한 지나갈 것이므로

"사고 난 게 무슨 자랑이요."

지인에게 하소연하는 나를 보며 눈을 흘긴다. 왜 지인에게까지 괜한 걱정을 끼치느냐며 화를 벌컥 낸다. 통영바다를 훑고 간 태풍, 역대급 대형태풍이라는 힌남노가 예보와는 다르게 쉽게 지나간 줄 알았다. 그런데 아니었다.

3년 전, 어장으로 온 치어들이 4~50㎏으로 자랐다. 그렇게 잘 자라던 다랑어 400여 마리가 흔적 없이 사라졌다. 지름 25m 가두리 그물 한 귀퉁이가 찢어진 것이 자기 탓이 양 속앓이를 하는 그를 바라본다. 안타깝지만 이미 난 사고를 어쩌겠는가.

지난밤에는 자존감이 무너지는 것 같다고 말했다. 비틀거리는 걸음으로 흠뻑 취해서 들어왔다. 태풍으로 생긴 자연재해이

건만 모든 잘못이 자신에게 있다며 자학한다. 그물 밖으로 나간 다랑어들은 다 돈이다. 손실을 셈해보니 속이 상한다. 나보다도 그이가 더 힘들 것이다. 이런 때일수록 위로가 필요한데도 그럴듯한 말이 떠오르지 않는다.

"사라보다 매미보다 더 강한 태풍입니다. 한 번도 예상하지 못했던 규모의 태풍이니 속보를 예의주시하시고 실시간 위치 확인하시면 도움이 되실 것입니다."

힌남노! 이름도 별스럽다. 역대급 태풍경로는 폭풍반경이 400㎞라고 한다. 부산에서 서울만큼의 거리다. 만조시간과 태풍이 지나가는 시간이 맞물려 그 힘이 상상을 초월할 것이라니 오금이 저린다.

연일 떠들썩이다. 태풍이 다른 쪽으로 가기를 내심 바랐지만 국내 기상청뿐 아니라 세계 각국 기상관측소가 힌남노의 이동경로가 우리나라 남쪽 통영이라고 했다. 최악의 상황으로 만반의 대비가 필요하다고 긴장감을 높이니 도통 잠을 잘 수 없었다. 기후변화로 괴물, 대형태풍이라고 기상청의 말, 말에 울렁증이 생길지경이다.

태풍의 경로는 사람의 힘으로 어쩔 수 없지만 만반의 준비를 해두어야 한다. 가두리 하나라도 잘못되면 그동안의 수고가 헛일이기 때문이다. 최대한 손실을 줄일 수 있는 일은 무엇이든

다해야 한다. 일주일 전부터 닻줄이며 그물 손질도 하였다. 옮길 수 없는 다랑어 가두리만 남겨두고 사료창고며 배들을 전부 바람이 닿지 않은 곳으로 이동시켰다. 그것들을 옮기는 일도 고된 노동이다.

태풍으로 잠 못 드는 밤이면 지자제 수장에게 전라도 진도 앞바다처럼 크고 긴 방파제와 소파제*가 있으면 좋겠다고 목소리 높여 청원 넣고 싶어진다. 욕지도 밖에 소파제를 축조하면 이토록 가슴 졸이는 일은 없을 것이다. 자연재해를 막을 수 없지만 바람과 파도를 막아주는 구조물이 있다면 큰 도움이 될 테니까.

자정쯤 비바람이 세차진다. 노심초사한들 애만 끓을 것 같아 이 상황을 하늘에 맡기고 잠 잘 요량으로 와인 한 잔 마셨다. 그도 나도 술 한 잔 나누면서 겸허히 받아들이자고 했지만 잘 안 된다. 몸에서 뜨거운 열기가 훅훅 뿜어져 나오고 마음에 분열이 일어났다. 걱정은 머리 위에 큰 바위를 올린 듯 무겁다. 2시쯤 바람이 몰아친다. 엄청난 위력으로 달려오는 태풍, 자연의 힘을 어찌 대적하겠는가. 4시 10분쯤 지나니 바람소리가 잦아든다. 태풍의 중심에 들어섰나 했더니 그냥 잠잠해진다.

TV에서 듣고 본 괴물태풍이 아니었다. 쉽게 지나갔으니 다행이라고 한시름 놓으면서도 누군가에게 농락당한 것 같은 기분이 들었다. 팽팽하던 긴장감이 순식간에 사그라지니 온몸에 힘이 쭉 빠져나가는 것 같다.

추석 무렵에 오는 가을태풍은 강력하다. 매미태풍이 훑고 간 자연재해를 받아들이지 못했던 추석날 밤의 또 다른 악몽. 지문이 닳도록 일군 노력이 아까워 한동안 아팠던 사십대 후반의 아득한 기억들 때문에 태풍 힌남노가 겁나고 두려웠다.

너울성파도 때문에 어장으로 나갈 수 없다던 직원이 산 위에서 동영상을 찍어 보냈다. 한 개 두 개…. 가두리들이 제 자리에서 파도를 타고 있다. 여기저기서 '별일 없지?' 안부에 '태풍도 태풍 같지 않게 잘 지나갔노라.' 무사함을 떠벌리며 웃음소리가 커지는 해질녘. 그때 어장에서 연락이 왔다.

"그물이 찢어졌습니다."

"……."

태풍과 사라진 다랑어 사백여 마리. 말을 잃어버린 그는 밤이 깊어질 때까지 뒤척거린다. 여태껏 커 보이던 사람이 작아 보이는 밤이다. 태풍은 꼭 이렇게 아픈 흔적을 남기고 지나간다. 지금 어떤 말도 할 수 없지만 좋게 생각하자고 말해야겠다. 사고가 안 났으면 좋겠지만 이미 사고는 발생했다. 그물을 탈출한 다랑어들은 대양으로 나가 또 다른 누군가에게 상생의 기쁨을 줄 것이고 좋은 마음으로 방생했다고 생각하자면 고갤 끄떡거릴까? 힘들어하는 그에게 어떤 말들이 위로 될 것이라 생각하는지 둔함이 화가 나 입을 다물어버린다. 툴툴 털고 마음 추스를 때까지 기다리기로 한다.

유유히 양식장을 빠져나간 수년 간의 고생들이 당장은 아깝지만 남편을 위로 할 말이 생각나지 않아 안타깝다. 살아가는 것은 견디는 것이니 며칠 지나면 순응하고 일어날 것이고, 속상해도 언제 그랬느냐는 듯 자신을 고쳐 세울 사람이다.

'내일은 또 다른 태양이 뜰 것이고 이 또한 지나갈 것이므로….'

글 한 줄로 위로해보는 날이다.

*소파제: 바다 위에 떠서 파도와 바람을 막아주는 기반시설

적멸보궁 돌아 나오며

새벽에 치어를 싣고 통영으로 내려갈 예정이었지만 뜻밖의 일이 생겼다. 어제 통영을 출발할 적에도 화창했고, 오늘도 날씨가 좋다고 했는데 동해는 비바람이 불고 있다. 운반선도 엊저녁에 속초로 올라왔지만 파고가 높아 정치망어장주와 뱃사람들이 일을 못하겠다고 하니 속수무책이다.

한 시간이라도 빨리 작업해서 보내고 통영으로 돌아가야 경비를 절감할 수 있지만 뜻대로 안 된다. 이왕 이렇게 되었으니 여행 왔다 생각하잔다. 모처럼 편안하게 쉬자는 말에 평소에 눈길 주지 않던 컵라면도 먹어보며 별다른 시간을 보낸다. 귀한 휴식이지만 갑갑하고 엉덩이가 들썩거린다. 이대로 숙소에 박혀있기에는 시간을 허투루 보내는 것 같아 주섬주섬 옷을 챙겨 입고 그에게 독촉을 한다.

"빨리빨리요."

"비 오고 마음 심란한데 어디로 자꾸 가자고 하노?"

"심란할 때 바람 쐬고, 맛난 것도 사먹고 얼릉 나가봅시다."

속초에서 4~50분 거리에 있다는 천년고찰 '건봉사'를 찾아 갈 생각에 마음이 급해진다. 독촉에 못 이겨 따라 나선 그의 발걸음은 비 맞은 가랑잎처럼 늘어졌다. 우산을 받쳐 들고 앞장서는 내 뒤로 추적추적 재미없게 따라온다.

강원도 고성군 금강산 건봉사, 금강산으로 가는 초입에 있어 금강산 건봉사라고 한단다. 일제강점기 호국 사찰로 사면당의 승병기념관과 만해 한용운기념관이 있다.

불이문으로 들어서니 날씨 탓인지 사람들이 없다. 조용하다. 경내에 풍경소리와 산새소리도 들리지 않는다. 넓은 도량이 온전히 우리 차지가 되었다. 고즈넉한 정취와 짙푸른 물안개가 이상향의 세계로 이끄는 듯하다.

천 년의 바람을 보듬고 시간의 흐름을 견뎌온 왕소나무와 스님들이 곡식을 찧는데 썼다는 돌확이 시선을 당긴다. 나락 한 가마니가 들어가는 엄청나게 큰 절구와 작은 절구 5기가 나란히 자리하고 있다. 지금은 평화로운 기운이 가득하지만 건봉사 역시 역사의 소용돌이 속에서 여러 사건들을 겪었단다. 임진왜란과 6·25전쟁을 겪으며 대부분 불타고 불이문만 그 고난의 세월을 이겨냈다고 한다.

건봉사! 적멸보궁(寂滅寶宮)에는 석가모니의 진신사리(眞身舍利) 중 치아가 모셔져 있다. 부처님의 진신사리를 모신 적멸보궁은 이곳 건봉사 외에도 양산 통도사, 설악산 봉정암, 오대산 상원사 등등 몇 군데가 더 있다.

신라의 자장율사께서 당나라에서 귀국할 때 가져온 부처님 진신사리가 모셔진 불사리 및 정골을 직접 봉인한 것을 친견할 수 있음은 큰 행운인 것 같다.

신령스런 영취산 불보도량 양산 통도사, 좋은 인연으로 전국 문학인 꽃 축제에서 잊어버린 내 이름을 찾았다. 설악산 가장 높은 곳에 위치한 심(心)도량 봉정암 불뇌사리탑에서는 자식을 위해 밤을 지새웠다. 건봉사에서 오늘 부처님 진신사리까지 진견했으니 이 또한 부처님의 자비다.

"부처님! 이 귀한 도량에 올 수 있는 건강과 시간을 주셔서 감사합니다. 여태껏 보살펴주신 음덕으로 주변을 살필 수 있는 지혜를 주셔서 감사합니다. 바다만 바라보고 아탕부탕 살아가는 저 사람도 하고자 하는 일 잘되게 돌봐주이소. 남의 눈에 예쁜 꽃이 되고 열매가 될 수 있도록 살펴주이소. 부처님 가피력을 믿습니다."

두 손 모아 108배로 그의 몫까지 빌었다. 땀을 닦으며 대웅전을 나와 봉서루에 올랐다. 봉서루에는 100여 년 전, 역사적 사진 몇 장으로 사건사고를 알려주었다. 건너편 풍광이 몽환적이라 걸음이 멈춰졌다. 하얀 물안개에 잠긴 아늑한 쉼이 좋다. 마음이 고단할 때, 대웅전 뜨락에서 묵언으로 가슴을 데우면 가진 것이 없어도 부자가 된다. 이 평온을 찾기 위해 건봉사를 찾아왔던 것 같다.

건봉사는 삼국시대 고구려 승려인 아도화상(서기520년)이 창건한 사찰이라니 그 역사 오래다. 산신각을 돌아 능파교*로 나왔다. 무지개 모양의 능파교는 여러 차례 중수는 했겠지만 규모도 크고 나름대로 보존이 잘 되어있다. 다리 아래로는 금강산에서 흘러오는 맑은 물이 동해로 힘차게 내려가고 있다.

작은 나무로 만든 수로가 능파교 옆으로 오랜 친구처럼 함께 흐른다. 물줄기가 앙증맞다. 잠시 손바닥을 펴고 물의 흐름을 느껴본다. 싸아한 물의 느낌이 손끝에서 발끝까지 전해진다. 마음이 차분해진다. 두 손을 반원으로 모아 물 한 움큼 담아 그에게 장난을 친다. 선하게 씩 웃으며 물세례를 받아넘긴다. 머릿속은 뒤엉킨 생각들로 복잡할 텐데, 다 내려놓은 듯 내색 없이 묵묵히 뒤따르는 그가 고맙다. 부처님 도량이라 넓은 도량을 닮아가나 보다.

불이문을 나서니 갑작스럽게 허기가 돈다. 십여 분 길 위를 돌아 나오는데 봉평막국수집이 눈에 들어온다. 예쁜 가정집처럼 마당에 꽃들이 화려하다. 꽃잎마다 축복인 양 종종 달린 진홍색 빗방울, 남녘에서 올라온 늘 푸른 갯바람 따라 맑은 수액이 흐르는 것 같다. 오래 지속되는 립스틱 한껏 묻혀 선선한 초가을 전령사로 나그네 맞이하는 꽃무릇 붉게 핀 오후다.

점심때가 훨씬 지났으니 분명 남편도 배고플 것이다. 막국수와 감자전을 시켜놓고 창밖을 본다. 오락가락 하던 비가 그친다. 낼 새벽에는 날씨가 좋아져 통영으로 갈 수 있기를…. 국수 국물을 후루룩 마신다. 속이 따뜻해진다.

*건봉사 능파교: 보물 1336호 지정되어 보호받고 있다. 축조는 1704년에서 1707년 추정.

중년의 매력

– 나를 반하게 하는 남자

풀벌레 소리에 이끌려 집을 나섰다. 그날따라 섬과 바다를 하나로 묶어주는 짙은 해무 사이로 아침볕뉘가 빗살처럼 쏟아져 내렸다. 능선에서 바라보는 바다 물빛은 유달리 곱고, 바람결에 묻어오는 산새들의 노래가 청아하게 들렸다.

말복이라 그런지 얼마 걷지 않았는데도 온몸에 땀이 촉촉하게 배었다. 해안선을 따라 걷고 돌아오는 길에 아파트 담장 밑을 청소하는 한 남자에게 눈길이 갔다. 소매 긴 와이셔츠를 입고 있는 그 사람은, 상기된 얼굴로 담장 아래 작은 꽃밭에 웃자란 잡초를 뽑아내고 있었다.

사람의 매력은 눈을 즐겁게 하고 미덕은 영혼을 사로잡는다고 했던가. 눈을 즐겁게 하고 영혼을 맑게 하는 남자를 한참 쳐다보다가 집으로 돌아왔다. 나도 누군가를 위해 몸 봉사를 해 볼 요량으로 현관에 있던 빗자루와 쓰레받기를 들고 나가 주차장 앞까지 빗질을 했다. 허리는 뻐근한데도 몸은 날아갈 듯 가벼웠다.

아파트로 옮기고 나서 위 아래층에 누가 사는지, 무엇을 하는 사람들이 살고 있는지 모른 채 살고 있다. 구태여 알려고 하지 않는다는 말이 더 맞을 것이다. 엘리베이터에서 이웃을 만나면 눈인사를 할 때도 있지만, 얼굴이 낯설다는 이유로 슬쩍 외면해버리기도 했다. 내 한 몸 편하면 그뿐이라는 개인주의와 남을 의식하지 않으려는 이기심이겠지.

그러기에 낮은 자세로 앉아 풀을 뽑는 남자를 보는 순간 신선한 충격을 받았다. 그가 젊은이가 아니라 머리가 희끗희끗한 중년이라는 사실에 더 매력을 느꼈다고나 할까. 나 역시도 내가 아무리 우겨도 머리에 염색을 하고 돋보기를 써야하는 중년이 아닌가. 중년도 얼마든지 아름다울 수 있고 매력을 줄 수 있다는 자신감을 심어준, 이름도 성도 모르는 남자에게 반할 수밖에 없는 아침이었다.

– 내가 반한 남자

수년 동안 시행착오를 겪으면서도 오뚝이처럼 일어선 남자. 힘들게 일하는 것마저도 삶을 지탱해주는 밑거름이라 여기는 그에게서 오늘따라 청년 같은 싱그러움이 묻어난다.

'자신을 사랑하고 성실하게 일할 수 있는 삶이 행복이다.'는 부사어를 지표로 삼고 있는 남자. 남다른 열정이 있고 남들이 그를 신뢰하고 있기에 그에게 반한 것인지 모른다. 그 남자의 첫 인상은 힘든 일을 못할 것 같은 백면서생으로 보인다. 그러나 그는 갯내 나는 가두리 양식장에서 머슴처럼 일을 잘한다. 손바닥에 옹이처럼 박혀있는 굳은살과 목에 두른 수건에서 시큼하게 배어 나오는 땀 냄새마저 멋진 남자로 보이게 한다면 남들은 웃을까?

'당신의 성실한 모습에 내가 반했답니다.'

나이만큼, 세월만큼 훈장처럼 군살이 붙은 그에게 냉동실에 얼린 물수건을 건네주며 닭살 돋는 애교도 던져주고 싶지만 마음뿐이다. 지치지 않고 열심히 일하는 사람에게 말 한번 제대로 못하고 눈웃음 웃는다.

"훠이훠이"

오늘도 그는 큰 날개를 물에 적시며 치어를 물고 가는 왜가리 떼를 소리 질러 쫓아낸다. 대나무로 만든 장대를 들고 가두리 위를 성큼성큼 큰 걸음으로 걸어가는 모습에 반하여 멀찌감치 서서 오랫동안 훔쳐본다.

그 백면서생도 어느새 나이 쉰을 넘겼다. 성실함으로 주어진 삶에 만족하는 것을 보면서 난 정말 행복한 여자란 걸 느낀다.

남들은 눈매가 차갑고 과묵하여 어렵다고들 하지만, 외롭고 고단한 사람들을 위해 선뜻 자기 몫을 나누어줄 때의 그 정감 있는 눈빛에 어찌 반하지 않으랴.

"당신이 내 남편이라서 정말 자랑스러워요."

젊었을 때는 미처 몰랐던 그의 매력에 푹 빠져들고 있다. 남편 역시 나의 어떤 매력에 빠져들 수 있게 내면을 더욱 가꾸어야 하리라. 중년의 매력은 연륜이 쌓여야만 우러나오는 것임을 알겠기에 오늘도 쉼 없이 노력을 한다.

짐

서울 가는 기차에 마음의 짐을 실었다.

의사가 어떤 말을 할까. 그의 손을 잡고 눈을 감았다.

"수술도 잘 되었고 1년 동안 관리 잘했습니다."

의사의 한마디는 그동안 어깨 위에 힘들게 짊어지고 온 무거운 짐을 잠시 내려놓게 했다. 지난해 심장우회수술 후, 잘못되었다며 하루 만에 재수술했던 일들이 아픈 기억으로 남아 있다. 다행스럽게 잘 극복하고 좋아졌다니…. 병원 문을 나서니 어깨가 한결 가벼워졌다.

하행선 기차 속에서 4월의 들판을 바라보면서 살아있음이 감사하고 감사했다.

신이 인간을 창조할 때, 시간이 지나면 잊어버리는 망각의 주머니를 머리와 가슴 안에 하나씩 두었다고 했던가. 인간은 생각하고 일하는 동물이라며 바다로 향했다. 이 자리까지 그는 하나에서 둘을 만들며 앞만 보고 살았다. 언제부터인가 건강을 잃어버린 시간 속에 갇혀 버렸는데도, 내일을 꿈꾸며 무거운 짐을 혼자 짊어지고 또 달리고 있으니.

어제 병원을 찾아가던 침울한 일들을 밤사이 잊어버린 남편을 바라보는 오늘에서야 모두가 내 탓인 양 자책하고 있다. 당신 알아서 하라며 책임을 전가했던 지난날, 나는 아무 잘못이 없는 듯이 회피하며 살았던 시간들이 후회스러웠다. 매사에 잔소리하고 집착하는 아내였더라면 지금보다 더 편안하고 아픔 없이 살고 있을까? 지나간 시간으로 되돌아간다면 건강했을까. 무미건조한 역할을 맡은 조연 배우처럼 혼자 웃고 울다 막은 내렸다.

그는 쉴 틈 없이 일에 쫓기는 삶을 살아 왔다. '하나 얻음은 또 하나를 잃는다.'는 이치를 일찍 알았더라면 목숨까지 위협하는 지경까지 안 갔을 텐데. 얼음물에 발을 담그고 서 있는 것처럼 정수리가 서늘하고 옷을 켜켜이 껴입어도 추위를 느낀다.

"그동안 준비해온 것들을 정리할 때까지만."

수년 전부터 태평양바다처럼 큰 그림을 그리고 있다. 그동안 실패를 거듭했지만 자기만의 색깔로 마무리하고 싶단다. 내 자식과 손주들이 먹을 건강한 먹거리를 식탁에서 차릴 수 있는 그때까지만 기다려 달라는 그를 어쩌랴. 미래 먹거리에 관심을 가지고 의욕에 찬 눈빛을 무슨 수로 말릴까. 작업복을 입고 참다랑어 양식장을 다녀오겠다며 나가는 뒷모습에 뿌연 물안개가 짙게 따라가고 있다.

살아야 할 날들이 언제까지인지 모르겠지만 갯촌 아낙으로 사는 순간부터 무거운 짐, 인생의 짐을 지고 갈 수밖에 없었던 날들이 가슴을 짓눌렀다. 언젠가 짐을 풀 때 짐의 무게만큼 보람 있을지 알 수 없다.

'배낭이 너무 무거워 벗어버리고 싶었지만 참고 정상까지 올라가 열어보니 먹을 것만 가득하다.'는 유대인 속담처럼 우리네 삶 자체가 짐이라고 말했다. 살면서 부딪치는 일 중에 짐이 아닌 게 하나도 없다고 했듯이 건강도, 사랑도, 가난도 모두가 짐이라면 보듬고 내일을 향해 살아볼 일이다.

바다를 가슴에 품고 사는 사나이는 오늘도 꿈꾸고 있다. 모태 바다바라기 만성중독자인 그에게 바다는 생명이고 종교다. 바다와 한 몸이 되어 움직이고 바다를 대상으로 무언가를 구상할 때, 그는 비로소 살아있음을 느낀다고 했으니 믿음으로 지켜볼 수밖에.

누군가 '생각이 죽으면 육신이 죽은 것과 같다.'고 했다. 욕망과 생물학적 욕구를 채우기 위한 활동들을 정리하고 살아야 할 때라는 것을 말해주고 싶지만 하지 않을 것이다. 남들이 무모한 도전이라며 머리 절레절레 흔들지만 그 도전이 이렇게라도 살아야 하는 목적이고 살아가는 용기가 될 수 있을 테니까.

목적을 향해 걸어가는 것은 외로움을 견디는 것이고, 밤이 지나면 아침이 밝아질 것이니 함께 또 걸어보자고 말해야겠다. 남들이 다져 놓은 길은 재미가 없다며 새로운 길을 찾아 걷는 그를 위로해본다. 바다를 바라보며 상업적으로 구상하고 용기 있는 그는 오늘도 외줄타기 하듯 바다로 간다. 출타하는 그의 어깨 위로 사월 볕살이 나비처럼 하늘거린다.

'행복의 한쪽 문이 닫히면 다른 쪽 문이 열린다. 그러나 흔히 우리는 닫혀버린 문을 오랫동안 보기 때문에 우리를 위해 열려있는 문을 보지 못한다.'

헬렌 켈러의 인생을 바꿔주는 명언 한 줄 외우며 서녁상을 준비한다.

참다랑어 양식 펀드

청춘을 바친 무한도전이 은빛 날개를 편다.

해양수산부에서 '6차 식품산업'이라며 관심을 가졌다. 지난해 몇 차례 큰 태풍을 잘 견디고 난 후, 우리 바다에서 최초로 성공한 참다랑어 양식과 기술을 인정해주었다.

"펀드업계와 양식업계가 만나 새로운 사업모델을 창출했다는 점에서 큰 의미가 있다. 첨단기술 분야가 아니더라도 기존의 관점을 조금만 바꾸면 얼마든지 혁신성장 가능함을 보여주는 사례라고 할 수 있다."

펀드가 출범하던 날, 부산 BNK금융지주 본사에서 열린 기념식에 참석한 해양수산부 장관은 성장 가능성이 큰 해양수산 부문의 미래를 위해서 금융투자의 협력이 중요하다면서 '참다랑어 1호' 같은 실물 펀드 출시로 바다의 고부가가치가 발생할 수 있기를 기대한다고 했다.

지난해부터 해수부와 투자금융회사가 민간 부문의 실물과 투자 펀드를 접목하기 위해 면밀한 실사와 진지한 논의를 수없이 거친 후 내 놓은 성과다. 이 결과물로 미래 먹을거리 산업에 한 획을 긋게 되었다. 투자금융에서 치어 구입비, 인건비와 사료비 등을 대주고, 어민들은 돈 걱정 없이 우리 바다에서 우리 기술로 다랑어 양식을 성공시킨다는 공식이다. 어민들에게 또 다른 가능성을 열어주는 반가운 일이다.

우리나라 첫 참다랑어 Blue-fin Tuna. 양식 투자 펀드가 나왔다. "BNK 투자금융지주 산하 6개 계열사가 40억 원, 남평참다랑어 영어조합법인이 10억 원을 공동 출사하여 설정 기간 3년 동안 다랑어 양식에 투자하게 된다. 공동투자 약정한 금액 50억 원으로 외해 양식장의 참치종자 5~10kg 크기의 어린 치어와 사료를 구입하고 3년을 키워 판매할 때까지 들어가는 운영비로 쓰인다. 50kg 이상으로 키워낸 다랑어를 출하한 판매대금으로 투자수익을 가져가는 방식이다. 말이 투자지 사실 빚이나 다름없다. '남의 돈은 절대 잠자지 않는다.' 빚은 무서운 것이다. 무조건 더 잘해야 한다는 중압감으로 느슨해진 마음을 다잡게 된다.

"축하합니다."

갯돌에 붙은 따개비처럼 수십 년 바다 사업을 해왔지만 해수부나 투자금융사가 관심 보인 적이 없었다. 척박한 시간이 끝나고 BNK 투자금융과 약정하던 날, 남편의 모습을 TV로 본 지인들의 축하와 덕담이 쏟아졌다. 고생을 보상받는 것 같다. 낯선 길 걸어오면서 번민도 많았지만 자식들이 먹는 먹거리로 생각하고 정직하게 관리했다. 이런 노력이 국내뿐 아니라 세계 시장으로 진출할 수 있는 기회를 열어주고 있다.

엊그제 러시아에서 식자재 수입상과 요리사들이 욕지도로 왔다. 원형 가두리 안에서 푸른 지느러미 세우고 사료를 낚아채는 역동적인 몸짓에 놀라며 동영상으로 참다랑어를 찍었다. 사람들이 넘어질 정도로 가두리를 뒤흔드는 다랑어의 활발함을 보면서 판매할 시기를 체크했다. 일본과 필리핀 등지의 남방양식장에서 수입하던 것을 통영으로 돌려야겠다며, 우리 참다랑어의 품질이나 맛의 상태를 알아볼 수 있도록 샘플을 주문했다. 수출할 단계까지 가려면 지금보다 크게 키워야 하고 대량으로 생산할 수 있어야 한다. 쉽지 않은 일들이 산재해 있다. '시작은 미미하나 끝은 장대하다.' 희망을 본다.

일본 다랑어와 차가운 통영 바다에서 자라는 참다랑어의 맛을 비교해 보겠다는 러시아 실무자들은 엄지를 척 세우며 돌아갔다. 바다에 청춘을 바친 고단한 날들을 인정받는 것 같아 감사하다.

'BNK 참치 전문투자 형 사모투자 신탁 1호!'

TV와 경제신문 사설을 큰아들이 동영상으로 만들어 보냈다. 남태평양 대신 욕지도 양식장에서 살찌게 자라는 다랑어 떼와 우리의 노고가 고스란히 담겨있다. 녹록하지 않았던 지난 세월을 잠시 잊으라는 뜻인지 바리톤 엄정행 선생이 부른 가곡 '목련화'가 배경음악으로 깔려 있다.

'추운 겨울을 헤치고 온 봄 길잡이 목련화는 새 시대의 선구자요 배달의 얼이도다'

영상을 보며 노래 한 음절 따라 흥얼거리니 가슴이 먹먹해진다. 감정 추스르며 창을 여니 매화 핀 옆자리에 목련화가 소담스럽다. 마른가지에 새움 돋아나고 비바람 견뎌 온 봄꽃들이 제 색깔과 향기로 한창이다.

노래 속 '가인'처럼 내게로 찾아온 봄이다. 봄!

태풍이 지나간 자리

창문 사이로 보름달이 설핏 들어왔다. 시커먼 구름 사이로 내비치는 달빛을 보니 초조하고 불안했던 마음이 조금 느긋해졌다. 전깃줄엔 아직도 세찬 바람이 윙윙 소리 내며 맴돌고, 대문은 삐딱하게 떨어진 채로 바람을 맞고 덜컹거렸다. 현관까지 밀려왔던 바닷물은 쓰레기만 모아놓고 빠져나갔다.

해일로 인해 방안까지 들어온 바닷물을 피해 옷도 채 입지 못하고, 맨발로 우리 집으로 대피했던 이웃들도 한숨 돌리며 돌아갔다.

선창가로 나가보았다. 어제 초저녁까지만 해도 태풍을 피해 온 배며 뗏목들이 줄로 엮어 선착장을 가득 메우고 있었다. 그랬던 것들이 모두가 선착장 위까지 올라와서 옆으로 쓰러져 있다. 분명 우리 양식장도….

강풍에 휩쓸려 우리의 터전인 양식장도 엄청난 피해가 예상되나 발만 동동거린다. 아직 파도가 거세거니와 칠흑 같은 이 밤에 무엇을 할 수 있겠는가.

태풍이 온다는 일기예보를 듣고 피해를 줄이기 위해 최대한 노력을 했다. 큰 닻을 넣고 닻줄을 잡아매고, 가두리 사이사이 연결줄도 확인했다. 몇 며칠 땀을 흘리며 만반의 준비를 했다. 하지만 대자연의 위력 앞에서는 어찌할 수가….

축양사업이란, 가두리 속에 그물을 넣고 그 안에 생선을 키우는 사업이다. 어린 치어를 넣어 몇 년씩 키워 성어가 되면 유통시킨다. 그러기에 적조나 태풍이 온다고 한들 많은 고기떼들을 어디로 옮길 수가 없다. 손실을 감지한 우리는 누가 먼저랄 것도 없이 손을 잡았다. 그의 손에서는 끈끈하게 땀이 배어 나왔다.

"걱정하지 마세요."

이만큼 누리고 사는 것도 큰 축복이고 모두 별 탈 없음을 다행으로 여기자는 말은 그를 위해서 하는 말이었지만 스스로에게 위로 해주고픈 말이었다.

하늘, 바다, 작은 섬들이 소금기를 머금고 온통 뿌연 회색빛으로 무겁게 내려앉았다. 바닷물에 대충대충 설거지를 해놓고 하늘을 보았다. 언제 태풍이 지나 갔었느냐는 식으로 바람 한 점 없다. 하늘과 맞닿은 바닷물 빛도 우리가 흘린 땀과 눈물을 아는지 우중충했다.

'매미', 곤충 이름으로 우리나라 전역을 휩쓸고 간 태풍의 위력은 상상을 넘어 온 세상이 마치 폭격을 맞은 듯 황폐해졌다. 우리의 터전이 하루아침에 엉망으로 뒤엉켜 그야말로 쑥대밭으로 변하였다.

태풍이 지나간 지 삼일 째, 재해가 아니라 재앙이라고 해야 했다. 바람에 떠밀려온 온갖 쓰레기며 양어장 집기들이 바다 가득 둥둥 떠다니고 있다. 갑작스럽게 할 일이 많아졌다. 찢어진 그물과 부서진 뗏목들을 끄집어 올려야 했다. 파도에 휩쓸려 나간 우럭이나 도미를 잡을 수 있는 데까지 잡아 가두어야 했다. 할 일은 태산 같은데 모두들 무기력에 빠져 꼼짝 하지 못하고, 부서진 가두리 위에 앉아 무심하게 출렁이는 바다만 바라볼 뿐이다.

"태풍피해가 많은 곳은 재해특별지역으로 선포한다."

나라님이 부산, 경남 지방을 순시하고 발표했다. 손실보상은 시간이 지나야 해결될 일이다. 지금은 복구할 일손이 필요하다. 팔 걷어붙이고 더불어 살아가는 사랑과 협동하는 마음이 필요하다. 내 일이 아니라서 무심해 하는 사람들이 섭섭하다. 그러나 어디 그게 탓할 일이랴.

태풍피해가 엄청났다는 신문 기사를 본다. 강원도 어디에는 낚시 동호회가 나서서 피해가 많은 양식장 고기들을 잡아 주었단다. 가슴 훈훈하고 정이 많은 사람들이 있는가 하면, '불난 집에 풀무질 한다'는 속담처럼 선착장에서 어민들의 눈물과 한숨을 건져 가는 사람들도 있다. 가을 소풍 온 것처럼 방파제 위에 자가용을 세워놓고 고기 잡는다고 야단법석이다. 어떤 가족은 생선을 굽는 냄새를 풍기며 아이들과 웃고 떠들고 있다.

삶의 터전을 하룻밤 사이 잃어버리고 하루를 30시간으로 쪼개면서 지내고 있다. 마른 장작 타듯이 타들어 가는 가슴으로 간신히 버티고 있는 터에, 작은 배를 타고 한가롭게 낚시를 즐기는 사람들 머릿속은 무엇으로 채워졌을까 궁금해진다. 한 번쯤 형제나 부모의 아픔이라 생각했다면 저런 야속한 행동은 못할 텐데. 내가 즐거울 때, 누군가는 눈물 흘리며 힘들어한다는 사실을 헤아려준다면 좋았을 텐데. 이번 태풍을 겪으면서 잃은 것도 많았지만 한편으로 사람의 도리를 배우기도 했다.

잿빛 바다 위에 떠돌아다니는 쓰레기와 부표 부스러기 걷어내듯이, 긴 족대를 들고 가서 발 디딜 틈 없이 방파제에서 낚시하는 사람들을 휘몰아버리고 싶다. 자기 마음대로 세상을 산다고들 하지만, 삶의 터전을 잃고 시름에 잠겨 있는 이웃을 배려하지 않는 그들의 마음이 아쉽다.

통영에서 그리는 클락키퀘어

달빛 내린 바다는 온통 하얗다. 남망산에 있는 시민회관과 마주보는 건너편으로 마리나 콘도와 음악당, 케이블카와 루지 불빛들이 환하다. 운하를 끼고 흐르는 통영과 미륵도를 연결하는 통영대교와 나폴리대교, 배 한 척 지나가자 가로등 불빛들이 사금파리처럼 반짝거린다. 바다 위, 달빛과 파스텔톤 불빛을 보고 있으니, 얼마 전에 다녀온 싱가포르여행에서 본 아름다운 풍경이 통영바다와 겹쳐진다.

"3박 4일 싱가포르 스케줄 나왔는데 가실래요?"

○항공사에 다니는 아들이 전화를 했다. 지난봄에도 터키여행을 다녀왔다. 기류의 영향이지만 비행기가 흔들릴 때면 속을 태웠다. 10년간 전투기를 몰았던 비행기술을 믿지 못하는 것은

아니다. 하지만 아들이 조종간을 잡고 있다고 생각하니 내심 걱정이 되었다. 다음부터 안 따라다녀야지 그 마음 간데 없고 아들의 전화 한 통으로 콧노래 흥얼거리며 또 배낭을 챙긴다.

후덥지근한 아열대 나라 싱가포르, 밤늦게 도착했다.

미지의 세계로 찾아온 다음날, 무덥고 습한 열대성이지만 하루 종일 구름 낀 날씨는 선선했다. 싱가포르는 서울보다 조금 큰 도시라고 했다. 듬직한 안내자를 따라 지하철을 타고 이름도 낯선 명소들을 발바닥이 아플 정도로 돌아다녔다.

'클락키퀘어', 인상적인 그곳은 오래된 부둣가 빈 창고들을 개방하여 세계 각국 관광객들 입맛을 잡는 음식시장으로 변하였다고 한다. 배고프다는 아들을 따라 현지인들이 가는 맛집을 찾았다. 점심을 먹기 위해 줄을 길게 선 곳은, 우리나라 갈비탕 집과 비슷했다. 돼지 살과 뼈를 푹 삶은 바쿠테 국물은 차처럼 따끈하게 무한리필로 마실 수 있고 값도 저렴했다. 든든하게 배를 채우고 또 다른 볼거리를 찾았다.

서서히 어둠이 내리자 인공적으로 만든 '가드스바이더베이' 숲에 앉았다. 종일 걸어 피곤한 다리를 펴고 더 어두워질 때까지 기다렸다. 하나 둘 조명이 켜지는 시간. 와! 관광객들의 감탄사가 불꽃처럼 터지게 하던 슈퍼트리쇼. 한낮의 태양열을 모아 세계 각국의 식물과 꽃들을 피우는 온실정원도 있었고, 밤에는 음악에 맞춰 LED 수만 개의 조명으로 변화를 주던 불꽃

쇼는 도심 속 공원이었다. 저마다 편한 자세로 잔디밭에 앉아 음악과 함께 화려한 불빛들의 변화에 박수를 치던 불꽃쇼가 끝났다. 가까운 '마리나베이샌즈' 호텔에서 품어내는 불꽃은 수많은 관광객들을 찬란한 야경 속으로 이끌었다.

'아름다웠다!'

바다를 가운데 두고 높은 빌딩에서 쏟아지는 불빛들은 한 장의 그림이었고, 수식어가 필요하지 않았다. 우리는 클락키퀘어 식당 술집거리로 다시 가기 위하여 리브크루즈*를 탔다. 불야성인 음식점들은 낮과 밤의 양면성을 보여주었다. 관광객들이 북적거리는 작은 식당에서 늦은 저녁을 주문해 놓고, '통영도 싱가포르처럼 멋진 관광도시를 만들면 좋을 것.'이라는 아들의 말에 통영을 펼쳐놓고 색색으로 채색하기 시작했다.

한국의 나폴리라고 불릴 정도로 시내를 관통하는 운하와 높지 않은 산, 자연이 품은 섬과 섬으로 엮어진 통영은 남해안을 대표하는 관광도시다. 용화산으로 올라가는 케이블카는 수천만 명 탑승객이 다녀갔다. 담벼락벽화로 소문난 동피랑 마을도 있고, 바다가 내려다보이는 남망산에는 빛을 테마로 '빛의 정원 디피랑'이 생겼다. 세계적인 수변도시로 한국관광공사 100선에 통영밤바다 야경 투어가 선정되었다. 또 다양한 장르를 아우르는 문학, 미술, 음악 등등 통합형 국제예술 행사도 많은 곳이다. 통영시에서 복합 문화예술 공간을 만들겠다는 화려한 그림을 그리고 있으니, 아마도 싱가포르 못지않은 관광코스가 만들어질 수 있을 것이다.

통영은 겨울이 순하고 먹을거리가 풍부하다. 세계에서 제일 차가운 바다에서 성공한 참다랑어 양식장도 있다. 관광공사에서 관광테마산업을 만들겠다며 실무자들이 다녀갔다. 클락키퀘어처럼 먹을거리가 많은 야시장과 일본 츠키지 새벽시장에서 볼 수 있는 참다랑어 해체 쇼 등등…. 볼거리와 먹을거리를 즐길 수 있는 통영이다. 다른 지역과 지리적 조건이 차별화 할 수 있는 남해안 관광도시를 상상하는 것은, 2차 신산업을 준비하고 있기 때문에 기대가 남다르다.

어느덧 보름달도 서쪽으로 기울어 바다와 섬의 경계가 사라진다. 등대불빛들만 화려한 설렘에서 빠져나와 깜박거리며 꿈을 꾼다.

*리브크루즈: 아침 9시부터 밤 11시까지 30분마다 운행하는 바다 버스다.

최북단 항구 고성 대진항

재촉하는 소리가 귓전에서 울린다.

“5시에 어장주를 만나기로 했는데 아직도 그러고 있노?”

서두르는 그의 큰소리에 고양이 세수로 챙긴다. 어제 오전에는 전라도 화순에 있었고, 오후에 출발해서 열나흘 둥근 달을 보면서 속초로 달렸다. 그리고 오늘은 새벽달을 따라 속초에서 최북단 항구 고성 대진항으로 달려가고 있다.

선착장에는 선주와 인력들이 기다리고 있었다. 어장으로 나가기 전에 먼저 해야 할 일은, 군사분계선(MDL)이 있는 해양경찰초소에서 주민증으로 신분확인을 해야 했다.

우리나라는 6・25전쟁 이후 군사분계선 중심으로 북으로 2㎞지점에 설치한 경계선은 북방한계선이고, 남으로 2㎞ 지점은 남방한계선이다. 우리가 가는 어장은 남방한계선이고, 동해의 조업한계선(NLL)이 설정되었기에 신분조사를 하는 것 같았다. 어장주와 수협직원과 함께 바다로 갔다 온다는 사인을 한 후 선창으로 나왔다.

선착장에는 활어를 싣기 위한 대형물차와 풍부한 어족자원을 보유한 천혜의 황금어장에서 생선들을 잡아 온 작업선 집어등이 불야성을 이룬다. 생동감 있는 새벽풍경을 보는 것도 잠시, 작업장으로 가는 어장주를 따라 배를 탔다.

시월의 마지막 날, 바닷바람은 겹겹으로 입은 옷 사이로 쌀쌀하게 파고들었다. 어로한계선이 있는 저도어장으로 가는 뱃길은 만만찮게 멀었다.

"젊은 시절, 술 한 잔 먹고 배에서 잠들었는디 눈을 뜨니 북쪽이더라요. 그때 잘못되었심 우린 만나지 못했을 꺼라요."

10여 분만 가면 북한이라는 어장주의 말에 등줄기가 서늘했다. 끝없이 펼쳐진 수평선 위에 어민들의 생명과 재산을 보호하고 안전을 위해, 해군 경비정 두 척이 바다 경계선을 지키고 있었다. 일직선으로 그어진 거뭇한 구름 사이로 밝아오는 새빨간 일출이 경이로웠다. 남쪽바다에서 보기 드문 망망대해가 펼쳐졌다.

우리나라이지만 갈 수 없는 반 토막 난 금강산이 아침햇살을 받아 푸릇하다. 아슴푸레한 해금강능선이 카메라에 잡힐 정도로 뚜렷했다. 큰 대야처럼 둥근 새벽달은 금강산 너머로 기울어가고 철새도 줄을 지어 한가롭게 날아가는 우리 땅, 우리 바다이건만 우리는 왜? 선을 그어놓고 남북이 불편한 관계로 치닫는지 안타까웠다.

통영에서 밤새도록 올라 온 운반선이 도착했다. 크고 작은 배들이 일사분란하게 그물을 당겼다. 말이 통하지 않는 외국근로자들의 어설픈 몸짓에 선장의 된 목소리가 높아졌다. 그 어장에도 외국의 노동자들이 수십여 명이 일을 하고 있었다. 일손이 바빠지자 그물 속에는 수천 마리의 고기떼들이 물도 없이 올라오는 진풍경이 벌어졌다. 물 반, 고기 반인 그물을 들여다보니 절로 탄성이 나왔다.

'우리나라 좋을시고….'

우리나라는 어업법(漁業法)과 잡는 기술, 선박기술이 북한과 비교할 수 없을 정도로 발전되어 있다. 바다를 회유하는 물고기 떼들이 어딘들 못가겠는가. 수온이 따뜻해진 이유도 있지만 동해 최북단 어장은 매년 한시적으로 개방하기 때문에 어족자원이 풍부하다. 계절풍 해류를 따라 지나가던 방어 떼들은 첫 어장인 정치망그물에 잡혔다.

그물 속은 온통 은빛물결이다. 무한자원은 어민의 큰 소득원이었지만 관리가 안 되는 점이 아쉬웠다. 양식하는 입장에서 그물 속 한 마리 한 마리가 소중한 자산이다. 크레인으로 끌어

당겨야 올라오는 큰 족대 속에는 평균 70~80마리의 방어 떼가 물과 함께 옆 운반선으로 이동했다. 족대 숫자로 실려지는 방어 떼를 파악한다. 운반선에 옮겨 싣고 남아있는 방어 떼들은 선어처리를 할 것이란다. 무한한 자원들이 헐값으로 냉동공장으로 들어간다는 말에 욕심을 부려보지만 한계가 있다. 그물에 걸려 죽어가는 것들이 아까웠지만 예상 밖의 결과가 빚은 부조화는 모순이었다.

이태 전, 인재(人災)로 참다랑어 수백 마리 떼죽음을 당했다. 가두리를 비워둘 수 없어 어제 부지런히 속초로 달려왔다. 운반선에 약 칠천여 마리 방어를 싣고 통영욕지도로 출발했다. 무탈하게 운송이 잘 되고 어장에서 살 자라기를 기대한다.

바다에서 사십여 년을 살았지만 동해바다는 유난히 파도가 거칠다. 오늘처럼 숫자를 셈해야하는 작업을 할 때면 그를 따라 바다로 나가게 된다. 그럴 때는 멀미와 배설의 문제가 정말 괴로움이다. 대진항선착장에 내리니 세상이 빙글빙글 돌아간다.

순한 노을빛으로 물든 산천에 눈 맞춤하면서 최북단 항구 고성 대진항 일정은 그렇게 마무리 짓는다.

해설

『바다에 美親 남자』에 부쳐

- 바다, 남자 그리고 인간적 품격

정 영 자

(문학평론가· 한국문인협회 고문)

1.

박순자 수필가는 경남 의령 출신으로 통영 출신의 부군을 만나 결혼 후 오랜 기간 통영에서 거주하고 있다. 2002년 『수필문학』으로 등단하여, 수필집 『꽃자리』(2011년), 『달빛 낚기』(2017년) 등을 발간하였다. 황희문학 본상(2012), 경남문학 올해의 우수작품상(2021), 26회 한국해양문학상 최우수상(2022) 등을 수상하고, 경남 창작기금(2017), 서울 아르코창작기금(2023)을 받았다. 항상 배우고자 하는 자세와 사대부 가풍을 견지하며 늘 배려와 존중을 실현하는 전통과 현대를 융합한 덕을 가진 문인이다.

2

박순자 수필가는 결혼 초기에 남편과 결혼한 것이 아니라 밤잠 설치며 바다만 사랑하는 돈키호테와 결혼한 것 같았다고 표현했을 정도로 예상 밖의 걱정거리가 많았지만, 현명한 아내로서의 기다림과 용기를 가지고 집안을 이끌었다. 그는 선비풍의 외지인이 근대의 돌풍이 몰아치는 통영 갯가의 거칠고 화려한 생활 언덕을 넘어가느라고 힘들었지만, 한 가문과 한 남자를 위하여 인내하며 지혜로운 삶을 산 여성작가다.

> 무수히 질문하고 답을 찾아 나섰던 바다. 왜 바다를 품고 사느냐고 남들이 질문할 때면 '꿈과 계획'이 있다고 빈곤한 답을 했습니다. 포기하지 않는다면 절망도 희망으로 변화될 수 있기에 견딜 수 있었고, 노력의 대가는 반드시 온다고 믿었기에 꿈꾸고 계획을 실행했습니다. 청춘을 저당 잡히고 바다 위에다 집을 짓는 남자의 맵고 짜디짠 과정을 묶었습니다.
>
> 세월을 이길 수 없는 나이지만 바다 저 너머를 계획하는 남자는 아직도 청년입니다.
>
> \- 책머리에서

이번 수필집의 내용에는 참다랑어 양식에 관련된 관찰과 오랜 세월 어업 생산자이면서 개척자인 부군 옆에서 본 양식과 판매의 현장, 어부들의 구체적인 삶의 현실 등 어업 관련 글이 많다.

전 세계 참치 어획량 중 1%도 되지 않는다는 참다랑어, 국내에서는 수온이 낮아 불가능하다고 알려졌던 다랑어 양식이 동한해류가 흐르는 욕지도 앞바다에 터를 잡았다. (중략) 고되고 바쁜 작업이 계속되지만, 서녘 하늘이 붉게 물들고서야 내일을 기대하며 일손을 놓는다.

-「다랑어 이삿날」에서

전혀, 예상하지도 못했던 부주의로 인하여 엄청난 피해를 준 그들. 보상 해줄 능력이 없으면 미안하다고 사정했더라면 괘씸하지 않을 텐데…. 국과수와의 싸움은 막다른 벼랑길을 올라가는 것처럼 오랜 시간이 필요할 것이고, 법적 대응은 불 보듯 긴 싸움이 될 것임을 알기에 잠을 설친다. 잃어버린 자존감을 찾기 위해 노력하는 남편을 보면, 그믐밤 먼 바다에 홀로 선 등대처럼 외로워 보인다.

'손에서 놓으면 자유요, 손에 잡으면 노예가 된다.'는 말처럼 우리 재산이 안 되려고 이 일이 생겼으니 집착하지 말자고 해볼까? 지금 힘들지만 옛날에 더 힘들었던 때를 생각하고 무거운 짐 내려놓자면 화낼까? 이미 손해 본 시간은 지나갔으니 한 발자국 물러서서 여유를 가져보자면 어떨까. 우리 마음이 편안해질 수 있는 방법이 달리 없을 것 같아 온갖 말들을 궁리해본다. 해결방안을 찾아 고민하는 그를 보고 뜬금없이 여행 가자고 한다면 버럭 화낼지 모르겠지만, 집에 오면 말해보련다.

"우리 여행 갑시다."

-「여행 갑시다」에서

'엔지니어 한 명이 혁명가 오십여 명보다 낫다'는 말 있듯이 그는 도전을 두려워하지 않는 양식업의 혁명가였다. (중략) 운전대를 잡고 선하품을 하면서 외롭게 자신과 악전고투 중인 남자의 손을 슬며시 잡아본다. 말이 없어도 지금 어떤 마음일지, 무슨 생각을 하고 있는지 알겠기에 눈웃음으로 다독거린다. 살아가는 이유가 바다라는 남자를 따라 나도 덩달아 닮아간다.

-「바다를 품은 남자」에서

손바닥에 옹이처럼 박혀있는 굳은살과 목에 두른 수건에서 시큼하게 배어 나오는 땀내마저 멋진 남자. 대나무로 만든 장대를 들고 치어를 물고 가는 왜가리 떼를 가두리 위에서 쫓아내기 위하여 성큼성큼 걸이가는 큰 걸음의 남자, 각본 없는 릴레이가 진행되든 말든 '엔지니어 한 명이 혁명가 오십 명보다 낫다'라는 사실을 구체적으로 증명하면서 바다를 품은 남자, 죽음을 이기고 함께 살고 있는 선물이 된 남자를 사랑하는 아내의 이야기는 우리에게 감동을 준다.

남편은 그렇게 선물처럼 내게로 온 사람이다. 다시 들풀처럼 살아 일어선 그는 통영 앞바다에서 특별하고 남들이 생각하지 않는 특수성이 있는 참다랑어 양식을 성공시켰다. 무엇을 더 바랄까. 아무도 걸어보지 않은 길에다 청춘을 바쳤으니 외롭고 외로웠을 테지. 가득 채우는 것보다 이젠 비워야 한다는 것을 누구보다 잘 알고 있다. 붉게 물들어가는 서녘 바다처럼 언젠가 참다랑어 어장을 완벽하게 마무리하고 싶은 바람으로 고민한다는 것을 안다. 알기에 옆에서 기다려주면 된다. 그는 덤으로 삶을 살고 있으니.

-「선물이 된 사람」에서

심장 수술을 두 번이나 하고 중환자실에서 일반병실로 옮겼을 때의 이야기다.

죽음을 이기고 함께하고 있는 선물이 된 남자를 통하여 이 땅의 수산업과 양식어업 홍보대사는 물론 정책건의까지 대신하는 억척같은 어부와 수산업자의 대변인 역할을 충분하게 하고 있다. 수필문학이란 내 살아 온 과거를 자랑하는 판이 아니라 어떻게 연구, 기획하였으며 어떻게 하여 여기까지 왔다는 진솔한 고백과 기술의 전파에 힘써야 하는 실리적 생활인, 직업인으로서의 역할까지 담당하고 있다.

그의 수필을 읽으면 기술적인 요인, 외국인 노동자의 노동정책, 그리고 미비점의 대안까지 제시하는 등 곁에서 보고 들은 것을 이미 육화시켜 자기만의 노하우를 만들어 온 것이다.

오죽하면 그는 직설적으로 "당신이 내 남편이라서 정말 자랑스러워요"로 표현하였을까. 부부의 마지막 정답은 이래야 맛깔나지 않겠는가.

3

박순자 수필가는 이 수필집에서 내 살아온 과거의 이야기만이 아니라, 기술의 전파에 힘써야 하는 실리적 생활인과 직업인으로서의 사명감, 더 나아가 정책 건의와 비판까지 폭넓은 수산업 이야기를 담고 있다.

참다랑어는 다른 어종에 비해 대형 어종이고 연속적 유영이 빠른 물고기이다. 생존 산소량을 필요로 하는 생태적 특성과 자면서도 눈을 뜨고 헤엄을 친다는 다랑어들의 활동성을 고려하지 않았다. 코가 넓은 그물 밖으로 모기장처럼 코가 촘촘한 월러거즈가 해류의 흐름을 막아버린 것이다. (중략) 바다가 해류로 숨을 쉰다는 것과 모든 생물들이 해류를 따라 이동한다는 것을 모르진 않았을 텐데…. 바다를 연구한다면서 가장 기본적인 자연법칙을 그들은 몰랐을까?

-「여행 갑시다」에서

수십여 년 불모지를 개척한 수고와 노력들을 공공기관의 일방통행은 안 될 말이다. 관리 없는 면허남발이 어떤 결과가 될지 불 보듯 하다. 대규모 자본 투입과 대형 유통망 구축이 용이한 대기업의 진출을 왜 반대하겠는가. 먹거리 시장에서 소자본 어민에게 치명적인 가격정책이 될 것이기 때문이다. 해수부는 이런 사태를 막아 줄 의지와 실천력이 과연 있는지 묻지 않을 수 없다.

-「우리의 항변」에서

'프로는 불을 피우고 아마추어는 불을 쬔다.'는 말처럼 누군가 미래 신산업에서 시행착오를 겪어줘야 풍요로운 내일이 약속된다는 믿음 하나로 수산업 혁명을 꿈꾸면서 다랑어 양식을 독자적으로 시도해왔다.

-「마지막 블루오션」에서

수필은 단순한 생활의 기록이나 객관적 진리의 서술이 아니다. 서정의 감미로운 미소, 벽을 뚫는 빛, 비평 정신과 내일에의 지표가 있어야 한다. 서정에 어린 지성의 번득임이 있어야 한다. 비평 정신이 깔려 있지 않은 수필은 신변잡기나 사색의 부질없는 유희에 그치기 쉽고, 유머와 지성이 없을 때 평면적 생활의 지루한 넋두리밖에 안 될 것이다. 비판 정신은 더욱 확고한 자기 세계의 확립이며 새로운 사회에 대한 비전이다. 이번 수필집에서 박순자 작가는 서정과 비평을 잘 융합하고 있다.

어업 종사자인 부군을 중심으로 바다의 다랑어 양식현장을 세밀하게 표현하고 있음에도 신변잡기의 이야기로 끝나지 않고 지금 이곳의 수산업 양식자들의 고통과 행정적 합리화를 설명하고 건의하고 있다.

또한 다랑어들의 행동반경을 자신들이 키워 온 27개 가두리를 통하여 세밀하게 표현하여 현장감 있는 묘사를 하고 있다. 이미 수필가 자신이 전문가 이상의 식견을 견지하고 장면들을 표현하고 있는 것이다

산란하기 좋은 조건을 찾아 더 넓고 은밀한 곳을 향하여 다

랑어들은 가두리를 박차고 나갈 듯이 몸부림을 쳤다. 연구원들이 가까이 가기만 해도 더 깊은 곳으로 숨어버렸다. 어쩌면 그것이 다랑어의 영리한 생존본능인지 모른다.

다랑어들도 사랑에 빠지면 아픈 것인지 100kg 넘는 덩치로 사료도 먹지 않고 서로 몸을 부볐다. 자기네 사랑법을 알아달라는 격렬한 몸짓 탓인지 후줄근히 살이 빠지고 추레해졌다. 가두리라는 인공의 장소가 그들이 사랑 나누기에는 적합하지 않았던 것일까. 알 수 없는 신음을 토하면서 지느러미와 피부에 상처가 날 정도로 날카롭고 사나운 행동이 이어졌다. 벌겋게 달아올라 몸부림치는 다랑어들은 곁에서 바라보는 것만으로도 안타깝다.

-「다랑어들의 사랑법」에서

수사적 장치의 자연묘사와 다랑어의 치열한 사랑 행위를 표현하면서도 대중성 있는 묘사로 독자들의 흥미를 유인하고 있다. 얼핏 지루할 이야기일 수도 있는 바다 이야기를 자기 가족의 삶과 잘 조화시켜 적절한 긴장감을 주어 글을 읽는 재미를 배가시킨다.

4

작품에 지적 통제가 부족할 때 신변잡기가 되기 쉽고 그에 못지않게 수필에서 경계해야 할 일은 교훈주의 글, 영탄조의 글이다. 이것은 엄격한 작가 의식으로 자기의 경험을 통제하지 못하였기 때문이다. 작가는 경험 대상에 대하여 비판적 자세를 취할 수도 있고, 풍자적, 냉소적 자세를 취할 수도 있고, 연민의 자세를 취할 수도 있다. 박순자 수필의 격은 연민이다.

하늘과 바다를 바라보며 평퍼짐한 바위에 앉아 무채색으로 변해버린 산과 들을 둘러보다 생경한 풍경에 이끌렸다. 나뭇가지 사이로 나비 떼가 날고 있었다. 서늘한 가을에 웬 나비? 궁금증에 마른 풀숲을 헤집고 들어가 보니 나비가 아니고 초봄에 피는 개복숭아 꽃이었다. 모질게 몰아붙인 태풍에 뿌리째 뽑혀 삐딱하게 넘어진 나무다. 생명의 강인함을 익혀 알지만 말로서 표현을 못할 정도로 경이로웠다. 나무를 바로 세워보려니 뿌리 몇 가닥 땅기운으로 지탱하는데 그마저 빠져버릴 것 같아 주변 흙을 파 덮어주며 다독거렸다.

"살아줘서 고맙다. 힘들어도 끝까지 살아보자."

마시다 남긴 물을 부어주면서 속삭였다. 그 말은 어쩌면 나에게 힘을 주는 말이기도 했다. 뿌리째 뽑혀 언제 죽을지 모르는데 좌절하지 않고 꽃을 피우는 나무를 보며 나는 왜 속수무책으로 있었던 것일까. 나보다도 정작 남편이 더 힘들었을 텐데…. 모두를 힘들게 했던 시간들이 후회스러웠다. 집으로 돌아오는 발걸음이 빨라졌다.

-「찰나에 봄꽃 피다」에서

연민은 어떤 대상에게 보내는 단순한 시혜적인 마음이 아니다. 자기 삶에 대한 깊은 성찰과 존재의 불완전성을 받아들이는 태도, 세상과 사물에 대한 열린 마음이 결합하여 만들어지는 성숙한 마음의 태도다.

동해 바닷가가 한눈에 보이는 전망 좋은 방, 신혼 첫날밤에 못해 본 룸서비스로 음식을 시키고 집에서 챙겨간 와인으로 텔레비전에서 본 연인들처럼 분위기에 취한다.

"우리 언제 이렇게 짜글짜글 늙어버렸을까요?" (중략)

불확실한 바다를 바라보며 끝이 어딘지 모르는 고단한 길을 걷고 또 걸을 때, 그의 곁에 내가 있었고 내 곁에 그가 있었다. 결혼은 서로에게 쉽게 벗어날 수 없는 구속이었지만 고된 흔적의 시간들을 지우는 지우개도 되어주었다. 세월은 그렇게 돌아가고 과거는 따지지 않아야 편하다는 것을, 또 말은 없어도 눈빛으로 타협하는 나이가 되고서야 알았다.

-「그곳에 있을게」에서

오늘은 욕지도가 축복 받은 날이고, 백건우 선생의 음악성찬이 있는 날이다. (중략)

남해 쪽으로 길게 누운 붉은 노을은, 다랑어가두리 안에서 사금파리처럼 빤짝거렸다. 마중 나왔던 갈매기 떼들도 피아노 선율을 감상하기 위해 가두리 난간에 줄지어 앉아 날개 접었다. 어스름이 이슬처럼 내리고 건너편 선창 길 따라 건반 위의 구도자가 키 큰 그림자를 뒤로 하고 걸어왔다.

산 능선을 타고 넘어오는 푸른 달빛은 크나큰 악보처럼 펼쳐졌다. 작은 섬과 파도는 부드럽게 울려 퍼지는 피아노 건반이 되었다. 우수에 젖은 듯 피아노 건반을 두드리는 백 선생의 손놀림을 가까이 보기위해 피아노가 내려다보이는 돌담사이에 자리 잡은 것도 내게는 행운이었다. 오늘은 섬이 축복 받았지만 내 귀도 한 뼘이나 길어지는 날이었다.

-「섬마을 콘서트」에서

다랑어 양식장이 있는 욕지도 도동해변은 세계적인 피아니스트 백건우가 음악회를 연 명소이다. 이러한 공간에서 귀로 듣고 산 능선을 타고내린 달빛 아래 연주를 들은 행복을 절절히 표현하고 있다.

5

살아가면서 우리는 다독이며 위로하고 희로애락을 함께하면서도 내 편이라는 믿음을 만들어 내었다. 그러나 절망도 또 하나의 성공이라는 올곧은 결론에 이르기까지 시간이 필요하였다. 중요한 것은 자신의 진정한 삶의 현재와 과거를 잇는 발효된 시공간이 필요하고 넉넉한 인간적 품새가 있어야 한다. 문학에 있어서조차 현란한 기법을 경계하는 요즈음이다.

좋은 수필은 가볍지만 결코 만만하지 않은 철학과 유머, 자기만의 다름이 있는 고만고만한 주제가 있어야 한다. 조금만 소홀하면 치졸한 이야기의 수다로 전락하고 만다. 감성의 풍요로운 들판이 있어야 하지만 그 속에는 사람 냄새가 나는 생활의 면면이 있고 구수한 이야기의 샘물을 마실 수 있어야 한다.

수필은 지극히 개인적인 얘기인 동시에 보편적인 인간의 삶을 이야기를 하는 글이다. 요즘은 수필이 지나치게 개인의 정한(情恨)으로 몰입되어 감미로운 분위기에 젖는 경우가 허다하다. 몽테뉴 형의 주관적이고 개인적인 수필도 중요하지만, 베이컨 형의 객관적이고 사회적인 수필이 갖는 윤리적 지향도 역시 중요하다. 주관과 객관, 사회적 내용과 개인적 심상의 종합이 수필에서 요구된다.

박순자의 수필집 『바다에 미친(美親) 남자』가 여기에 해당한다.

수산산업의 먹을거리로서 부군이 연구하고 개척한 다랑어 양식사업의 용기를 격려하며 부군과 동행하고 있는 억척스러운 문필가 아내의 내조도 돋보인다.

주제는 바다 그리고 다랑어, 어업과 양식산업을 통한 성공, 여기에 머무르지 않고 가보지 못한 새로운 테마를 찾아 도전한 성공사례가 비교적 담담하게 서술되고 있다. 문장과 문체는 간결하고 유려하며 적절한 경구를 곁들이며 아직도 계획하며 꿈꾸는 부부의 건행을 확인할 수 있다.